VENCE
TU TEMOR,
COMPARTE
TU FE

KIRK CAMERON
RAY COMFORT

VENCE
TU TEMOR,
COMPARTE
TU FE

EVANGELISMO PRÁCTICO

La misión de Editorial Vida es ser la compañía líder en satisfacer las necesidades de las personas, con recursos cuyo contenido glorifique a Jesucristo y promueva principios bíblicos.

VENCE TU TEMOR, COMPARTE TU FE
Edición en español publicada por
Editorial Vida – 2011
Miami, Florida

© 2011 por Editorial Vida

Originally published in the USA under the title:
    Conquer Your Fear Share Your Faith
    ©2009 by Ray Comfort and Kirk Cameron
**Originally published in the U.S.A. by Regal Books,
A Division of Gospel Light Publications, Inc.
Ventura, CA 93006 U.S.A.
All rights reserved**

Traducción: *José Ruiz*
Edición: *Madeline Díaz*
Diseño interior: *Cathy Spee*
Fotos: *Carol Scott, CJ-Studio.com*

RESERVADOS TODOS LOS DERECHOS. A MENOS QUE SE INDIQUE LO CONTRARIO, EL TEXTO BÍBLICO SE TOMÓ DE LA SANTA BIBLIA NUEVA VERSIÓN INTERNACIONAL. © 1999 POR LA SOCIEDAD BÍBLICA INTERNACIONAL.

Esta publicación no podrá ser reproducida, grabada o transmitida de manera completa o parcial, en ningún formato o a través de ninguna forma electrónica, fotocopia y otro medio, excepto como citas breves, sin el consetimiento previo del publicador.

ISBN: 978-0-8297-5850-4

CATEGORÍA: Ministerio cristiano/Evangelismo

CONTENIDO

Introducción	7
1. Lo que Pedro temía	11
2. Palabras desagradables que condenan	24
3. Dale rienda suelta a la lengua	36
4. La fuente del poder que tanto necesitamos	43
5. Para el aplauso del cielo	55
6. La cuestión del destino eterno	61
7. De las tinieblas a la luz	69
8. Ellos necesitan oír la ley moral	78
9. ¡La «multa» ha sido pagada!	86
10. Las arenas movedizas de la relatividad moral	105
11. Es posible que lleve tiempo	111
12. Dios puede utilizar a otro	128
13. Hablándoles a los intelectuales	135
14. ¡Los ateos también necesitan el evangelio!	150
15. Testificándole a la familia	162
16. Conversión auténtica	169
17. El fruto del evangelismo bíblico	180
Posdata: Algunos consejos prácticos sobre cómo compartir tu fe	196
Curso acelerado de evangelismo —Guía del estudiante	203
Notas	233

INTRODUCCIÓN

Tenía dieciocho años cuando oí por primera vez el mensaje del evangelio y por aquel entonces todavía estaba filmando episodios de *Growing Pains*. Me encontraba en lo que el mundo define como la cumbre del éxito, pero aun así me sentía insatisfecho. No tenía un concepto de lo que era el «alma», pero sabía que si la tenía, a la mía le faltaba algo.

Un día en concreto, accedí a acompañar a la iglesia a una chica con la que estaba saliendo, y coincidió que el predicador en esa ocasión fue Chuck Swindoll. El Señor Swindoll habló del cielo y el infierno, acerca de la misericordia de Dios, y sobre cómo él proveyó una forma para que las personas fueran perdonadas, purificadas y renovadas. Las palabras de Swindoll me llegaron al corazón. Él no era uno de esos extraños personajes que salen en la televisión para robarle el dinero a los espectadores crédulos, ni alguien que nos hacía promesas vacías. En cambio, nos habló acerca de cómo una persona puede encontrar paz y una relación con el creador del universo. Sus palabras eran sinceras.

Un mes después de mi visita a la iglesia, me encontraba sentado en mi automóvil cuando de pronto se me ocurrió lo siguiente: *Un día me voy a morir*. Conforme meditaba en este pensamiento, me sentí totalmente abrumado. Si Dios estaba allá arriba en los cielos, no había razón para que me dejase entrar. Mi propio orgullo, egoísmo y pecado lo habían ofendido en gran manera. Yo no le había dado el honor y respeto que se merecía. Estaba convencido de que si me caía muerto en Van Nuys Boulevard en ese mismo momento, Dios tendría todo el derecho a excluirme del paraíso y darme lo que merecía. Así que ese día tomé la decisión de pedirle a Dios que perdonara mis pecados y me transformara en la persona que él deseaba que fuera.

Sin embargo, no fue hasta años después de haber aceptado a Cristo que en realidad entendí la gravedad de mi ofensa a la ley de Dios. Por aquel entonces estaba leyendo un libro titulado *God Has a Wonderful Plan for Your Life: The Myth of the Modern Message* [Dios tiene un plan maravilloso para tu vida: El mito del mensaje moderno] de Ray Comfort. El libro hablaba de compartir el evangelio con la gente de la misma forma en que Jesús lo hizo, utilizando los Diez Mandamientos con el fin de ayudar al pecador a entender por qué necesita un Salvador. Mientras que esto me resulta tan obvio y básico ahora, nadie me había hablado del evangelio de esa forma. Por eso decidí poner a prueba ese método conmigo mismo.

Abriendo mi Biblia en el libro de Éxodo capítulo 20, repasé cada uno de los Diez Mandamientos y me pregunté cuál de ellos había quebrantado. Muy pronto me di cuenta de que los había quebrantado todos, incluso los que hablan de asesinato y adulterio, porque Jesús dijo que si alguien a odiado y codiciado, es culpable de asesinato y adulterio en el corazón (véase Mateo 5:21-28). Por primera vez me plantee en serio lo que sería pararme delante de un Dios omnisciente y omnipotente que me veía en realidad como era. Fue una experiencia reveladora, y con el tiempo llegué a entender lo eficaz que este método podía ser a la hora de compartir el evangelio con otros.

Posteriormente, vi un vídeo de Ray predicando al aire libre en el Central Park de Nueva York. Él se subió a una caja de leche y montó todo un espectáculo en medio de la muchedumbre. Su actuación resultó fascinante. Sus palabras cautivaron toda mi atención, y mis ojos quedaron fijos en la pantalla. Ray fue totalmente directo con la gente, más o menos como una versión neozelandesa del apóstol Pablo, en cuanto a cómo habían violado la ley de Dios y estaban bajo la pena del juicio eterno. Luego les habló acerca de la gracia. Predicó sobre la cruz, el arrepentimiento y la fe. Se mostró sincero, pero habló con compasión. Pude sentir que su interés por la gente era genuino y le preocupaba dónde pasarían su eternidad. En lugar de ahuyentar a la gente, la multitud aumentó. Nunca he visto a alguien predicar al aire libre tan bien, de una forma tan apasionada y con tanta eficacia. Fue algo alentador.

Al principio tuve mis dudas acerca del método evagelístico de Ray y me pregunté por qué había tan pocos haciendo esto. No obstante, al leer el Nuevo Testamento, me di cuenta de que utilizar los Diez Mandamientos para confrontar a la gente con sus pecados era el método que Jesús y Pablo también habían utilizado. Uno puede ver un buen ejemplo de esto en Lucas 18:18-22. En este pasaje, cierto dirigente le hizo a Jesús la siguiente pregunta: «Maestro bueno, ¿qué tengo que hacer para heredar la vida eterna?». Escucha la respuesta de Jesús: «¿Por qué me llamas bueno? Nadie es bueno sino solo Dios. Ya sabes los mandamientos: "No cometas adulterio, no mates, no robes, no presentes falso testimonio, honra a tu padre y a tu madre"».

Me di cuenta de que cuando salía a testificar con Ray y le preguntaba a alguien si pensaba que era una buena persona, me respondía que «sí» casi siempre. Sin embargo, si le presentaba la lista de los Diez Mandamientos, como lo hizo Jesús, y le preguntaba a un individuo lo que pensaba, muy pronto caería en la cuenta de que a los ojos de Dios era un pecador culpable. ¡Consideré que esto era asombroso! Por primera vez, no tuve que discutir con alguien acerca de la verdad de Romanos 3:23 de que «todos han pecado y están privados de la gloria de Dios». Una vez que la persona reconocía su propio pecado, el paso para ver su necesidad de un Salvador no resultaba tan grande. ¡Esto no es un nuevo principio, sino la forma que el Maestro tiene de hacer las cosas!

En este libro, y en el curso de acompañamiento de cuatro sesiones *Vence tu temor, comparte tu fe*, Ray y yo te daremos los puntos básicos que necesitas para vencer tu miedo a compartir tu fe con los demás. Estableceremos los principios fundamentales de por qué cada de uno de nosotros debe dar a conocer su fe como creyente y posteriormente demostrar una forma eficaz de compartir el evangelio utilizando los Diez Mandamientos.

Y no solo te diremos cómo, sino también te mostraremos algunos ejemplos prácticos de la forma en que nosotros lo hacemos. Consultaremos algunas de las objeciones a este método bíblico y cómo tratar a cierto tipo de personas: intelectuales, ateos, integrantes de sectas y miembros de familia. Por último, abordaremos un tema fundamental del que Jesús habló con frecuencia: «la conversión verdadera y la falsa».

Muchas gracias por elegir *Vence tu temor, comparte tu fe*. No hay llamado más importante que compartir el evangelio, y es mi oración que conforme lees este libro, Dios te colme de poder para hablar sobre las increíbles buenas nuevas de Cristo con todas las personas que conocemos.

—Kirk Cameron

LO QUE PEDRO TEMÍA

A través de los monitores de televisión en el vestíbulo de una iglesia presencié cómo el pastor les explicó a los miembros de su congregación que el año anterior él se había situado junto a una carretera desplegando una pancarta en contra del aborto. Seguidamente, invitó a su congregación de seiscientas personas a unírsele este año y levantar la mano a fin de confirmar su participación. Solo veinte personas levantaron sus manos. Podía sentir la decepción del pastor ante la apatía de la gente. Más tarde, él me presentó como el orador invitado esa mañana.

Le comenté a la congregación que también sentía pasión por el tema del aborto, y debido a una buena razón. Hace muchos años alguien me dijo que una nueva creyente (llamémosla Fran) estaba a punto de acabar con la vida de su bebé por medio de este procedimiento. Me sentí aterrado con la noticia, y cuando me enteré de que le iban a practicar el procedimiento en cuestión de dos horas, me fui derecho al hospital, orando todo el camino que Dios me diese las palabras para convencerla de que no lo hiciera.

Subí corriendo al segundo piso y entré en su habitación. Ella estaba sentada en la cama del hospital y ya le habían administrado la medicación preoperatoria. «¡*Por favor*, no hagas esto!», le imploré. Para mi sorpresa, ella simplemente me miró y sonrió. Después dijo: «No te preocupes. No voy a hacerlo.

Acabo de orar: "Dios, si no quieres que me haga un aborto, haz que Ray Comfort venga aquí a verme"».

Dos años más tarde me encontraba en una excursión organizada por la iglesia y vi a una niña preciosa jugando en el césped. Ella era la hija de Fran. Ver a la niña realmente reafirmó en mi mente el tema que nos ocupa cuando se trata del aborto.

Le dije a la congregación que yo nunca, *nunca*, votaría por una persona que abogara por el asesinato de un niño en el vientre de su madre. No me importaba lo muy buenas que fueran sus políticas fiscales, porque sus manos estarían manchadas con la sangre de los inocentes. También animé a los presentes a seguir el ejemplo de su fiel pastor. Esa misma tarde, me enteré que entre cuatrocientas y quinientas personas salieron a apoyar la protesta contra el aborto. Que Dios les bendiga.

El cuerpo de Cristo en los Estados Unidos es un gigante dormido que necesita que alguien lo despierte. Sin embargo, la respuesta al tema del aborto no consiste solo en protestar, sino también en predicar. No solo debemos ser la sal; también tenemos que ser la luz en una nación espiritualmente en tinieblas. El hecho de que nuestra nación mata a cincuenta millones de sus ciudadanos mediante el aborto, sin remordimiento de conciencia, exige más que un grito de protesta. Necesita la luz del evangelio.

En este asunto del aborto, nosotros no nos diferenciamos de los crímenes cometidos por la Alemania nazi durante el Holocausto. Nos hemos entregado a los más viles de los pecados, y eso a su tiempo tendrá consecuencias terribles a nivel nacional. Precisamos con desesperación el perdón de Dios, y necesitamos un nuevo corazón que solo se logra a través de una conversión genuina, que implica la salvación a través de Jesucristo. Solo el evangelio puede tomar una nación farisaica, blasfema, idólatra, hipócrita e infanticida, y perdonarla y renovarla. Esa es la promesa del Nuevo Pacto:

> Los rociaré con agua pura, y quedarán purificados. Los limpiaré de todas sus impurezas e idolatrías. Les daré un nuevo corazón, y les infundiré un espíritu nuevo; les quitaré ese corazón de piedra que ahora tienen, y les pondré un corazón de carne. Infundiré mi Espíritu en ustedes, y haré que sigan mis preceptos y obedezcan mis leyes (Ezequiel 36:25-27).

UNA LLAMADA DE ATENCIÓN AUN MÁS FUERTE

El mismo tipo de reticencia que la gente siente cuando se trata de aportar su voz al asunto de acabar con el aborto puede aplicarse a la necesidad de hablarle a un mundo que está perdido y moribundo por no saber que necesita un Salvador. ¿Te importa esta nación? ¿Te importa este mundo moribundo? Entonces es hora de que pongamos en marcha nuestras oraciones y hagamos lo que se nos ha dicho que debemos hacer, que es ser obreros fieles en los campos que están listos para la cosecha (véase Mateo 9:37-38).

Las Escrituras hacen la pregunta: «¿Y cómo oirán si no hay quien les predique?» (Romanos 10:14). El refrán popular: «Predica el evangelio; y si es necesario, utiliza palabras», es como decir: «Lávese; y si es necesario, utilice agua». *Tenemos* que utilizar palabras si queremos que los pecadores se salven. Vivimos tiempos de desesperación, y necesitamos tener sonidos claros y certeros que nos dirijan al filo de la batalla. Tenemos que superar lo que yo llamo la «evangeliofobia».

Hace poco dos hombres jóvenes con uniformes de seguridad llegaron a la puerta de nuestra casa. Cuando me preguntaron si estaba interesado en un sistema de seguridad, les dije: «Nosotros ya tenemos uno muy bueno». Cuando averiguaron cuál era, les contesté: «El Sistema de Seguridad Celestial. Nos ha funcionado bien hasta la fecha». Resultó que ambos jóvenes eran mormones, y después que les expliqué que el sistema de seguridad consistía en que «el ángel del SEÑOR acampa en torno a los que le temen; a su lado está para librarlos» (Salmo 34:7), indagué qué pensaban que les ocurría a las personas después de morir. No había tiempo para establecer una relación con ellos, ni de demostrar la vida cristiana delante de estos jóvenes, ni de esperar la oportunidad... y no existía ofensa alguna. De modo que utilicé «palabras», y las palabras dieron resultado. Así es como los humanos se comunican mejor, en especial cuando se trata del evangelio. Mi pregunta fue simplemente una forma de pedirles su opinión, y ellos desde luego que la tenían.

Cuando te enlistas en el ejército de Dios para alcanzar a los inconversos, tienes que tener presente que el enemigo ha elaborado una estrategia a fin de alejarte del poder que necesitas para motivarte. Por lo tanto, mantente alerta ante aquellos pensamientos que te produzcan desaliento siempre que compartas tu fe. Mantente alerta a los pensamientos y palabras cuyo propósito sea evitar que vayas a algún sitio o hagas alguna actividad determinada. Esos pensamientos o palabras procederán a menudo de los lugares más inesperados. El enemigo quiere bloquear tu fuente de combustible, porque todas tus buenas intenciones no te llevarán a ningún sitio si no estás motivado.

Vamos a estudiar detenidamente el origen del combustible de la motivación para compartir el evangelio con otros y cómo hacer para que ese combustible siga fluyendo hasta nosotros. Es algo por lo que pagamos un alto precio, pero cada gota merece la pena. Se trata de un combustible de alto octanaje, y me ha mantenido en marcha desde el momento de mi conversión desde abril de 1972.

¿DÓNDE ESTÁ JESÚS SENTADO?

Si pudieras calificar tu caminar con Dios, ¿qué puntuación te atribuirías a ti mismo? Si Dios estuviera contigo dentro de tu automóvil, ¿dirías que viaja en el asiento del conductor? ¿Va en el asiento del pasajero? ¿En el asiento trasero? ¿Quizá en el maletero? Aunque algunas personas piensan que está bien llevar a Dios como pasajero, él debe asumir todo el control, en todas las áreas. Dios debe dirigir todos tus movimientos, ya que debiste haberle entregado el control en el momento de la salvación (tu conversión) y decir: «No se cumpla mi voluntad, sino la tuya». Según las Escrituras, ese es nuestro culto racional:

> Por lo tanto, hermanos, tomando en cuenta la misericordia de Dios, les ruego que cada uno de ustedes, en adoración espiritual, ofrezca su cuerpo como sacrificio vivo, santo y agradable a Dios. No se amolden al mundo actual, sino sean transformados mediante la renovación de su mente. Así podrán comprobar cuál es la voluntad de Dios, buena, agradable y perfecta (Romanos 12:1-2).

Eso es lo ideal, pero en realidad no ha ocurrido con cada creyente. ¿Cómo lo sé? Porque hay muy pocos creyentes que participan en la tarea de alcanzar a los inconversos con el mensaje de la salvación de Jesús. Se dirigen en otra dirección. Están ocupados haciendo otras cosas. Esas otras cosas puede que sean legítimas, pero si sus viviendas están en llamas y la gente está durmiendo en sus camas, hay algo que no encaja si comienzan a quitar el polvo del salón. La situación exige un cambio radical de prioridades. Tienen que olvidarse del polvo, despertar a los que duermen y sacarlos de la vivienda en llamas.

Debemos recordar cada minuto de cada día que la muerte está atrapando a las personas y enviándolas al infierno. Tal pensamiento debe consumir a la mente piadosa e inspirar intensamente a cada uno de nosotros a dedicarnos a un mundo perdido. Esa es la Gran Comisión (véase Marcos 16:15).

¿QUÉ LUGAR OCUPAS EN ESTA HISTORIA?

La mayoría de nosotros estamos familiarizados con lo que ocurrió justo antes de que Jesús fuera a la cruz:

> Jesús salió de la ciudad y, como de costumbre, se dirigió al monte de los Olivos, y sus discípulos lo siguieron. Cuando llegaron al lugar, les dijo: «Oren para que no caigan en tentación.» Entonces se separó de ellos a una buena distancia, se arrodilló y empezó a orar: «Padre, si quieres, no me hagas beber este trago amargo; pero no se cumpla mi voluntad, sino la tuya» (Lucas 22:39-42).

Sabemos que los discípulos no oraron, sino que se durmieron. El sueño es un refugio para los deprimidos, y ellos se sentían deprimidos por lo que vieron: un Jesús de Nazaret angustiado. Piénsalo. Este hombre era aquel que controlaba las tormentas que ellos mismos temían que los hicieran naufragar. Era aquel que resucitaba a los muertos y convertía el agua en vino. Era aquel que tenía todo bajo control. Sin embargo, había algo que estaba mal.

Imagínate a Jesús justo después de su agonía, con el sudor brotándole por los poros en forma de grandes gotas de sangre derramándose en la tierra. Entonces Judas llegó con una turba, acompañada de soldados, para arrestar a Jesús. El impetuoso Pedro salió en su defensa, y desenvainando una espada le cortó la oreja al siervo del sumo sacerdote, mientras que los discípulos se dispersaban como ovejas asustadas sin pastor. Jesús fue arrestado y llevado a la casa de Caifás, el sumo sacerdote. El relato dice que «Pedro lo seguía de lejos» (Lucas 22:54), y que más tarde se sentó alrededor del fuego con unos hombres a fin de calentarse.

Una criada y otros lo cuestionaron para averiguar si él era uno de los discípulos de Jesús, pero Pedro lo negó de forma rotunda... tres veces. Tuvo que ser un gallo el que le recordara lo que estaba haciendo, y saliendo fuera lloró amargamente.

DOS ERRORES GRAVES

Pedro cometió dos errores muy graves esa fría y oscura noche. Su primer error fue que en lugar de orar para evitar la tentación (como Jesús le había dicho que hiciera), se durmió. Eso es fácil, en especial si uno está deprimido. El sueño es un refugio agradable en medio de las tormentas de la vida. No obstante, Pedro pagó un precio muy alto por el descanso que decidió tomarse de la realidad. Si se hubiera mantenido orando, habría tenido su propia experiencia en Getsemaní. Quizá Pedro hubiese dicho: «Tengo miedo, Padre. Estoy deprimido. Me siento aterrorizado con lo que parece estar ocurriendo. Mi deseo es huir de todo esto, pero sé que te pertenezco. Permaneceré con Jesús pase lo que pase. No es lo que yo quiera, sino lo que quieres tú». En cambio, se durmió. Su espíritu estaba dispuesto, pero su carne era débil.

Su segundo error fue seguir a Jesús de lejos. Jesús les había dicho: «Vengan, síganme [...] y los haré pescadores de hombres» (Mateo 4:19), y él había ido en pos de Jesús y estado a su sombra por más de tres años, pero esa noche se nos dice que siguió a Jesús «de lejos». Por consiguiente, fue capaz de sentarse entre los impíos durante una hora entera sin detenerse a pensar en su condición eterna. Cuando la oportunidad llegó —en el momento en que alguien le preguntó si era uno de los seguidores de Jesús— eludió la verdad como una plaga. El miedo lo dejó paralizado en el silencio.

Aparentemente, este incidente no tiene sentido. Pedro arriesgó su vida para defender a Jesús en el jardín de Getsemaní. Afirmó que moriría con Jesús. Había ignorado con valentía sus temores y salido de una barca para caminar sobre las aguas a fin de estar con su Maestro. Entonces, ¿por qué de pronto tenía tanto miedo de decir que era un seguidor de Jesús? No creo que fuera porque Pedro estaba avergonzado de Jesús de Nazaret. Creo que se trataba de algo más significativo. Sabemos por las Escrituras que Pedro era una persona impetuosa. Él no pensaba las cosas con mucho detenimiento.

La impetuosidad tiene sus ventajas e inconvenientes. Lo sé por experiencia. Mi propia vida está llena de emoción debido a que soy una persona que asume riesgos. Acostumbro salir de la barca para caminar sobre el agua. Y no pienso mucho en el fracaso, pero sí que fracaso a menudo. Mi esposa, Sue, se aterroriza si veo una mosca en la cocina, porque suelo intentar atraparla sin pensar en las consecuencias. No lo puedo remediar. Agarro cualquier cosa (dentro de lo razonable) y persigo a esa mosca hasta que deja de existir. Eso quiere decir que destrozo todo lo que se me interponga durante mi misión.

Pedro actuó de la misma forma cuando desafió a la lógica y caminó sobre la superficie del lago. ¿Hay alguien entre toda la raza humana que pueda confirmar haber hecho algo así? Solo el impetuoso Pedro. Y él no estaba pensando con demasiada intensidad cuando le cortó la oreja al siervo del sumo sacerdote en el jardín de Getsemaní. Había una «mosca» que se dirigía hacia Jesús, de modo que Pedro se encargó de abatirla.

Sin embargo, mientras estaba sentado en torno al fuego y se calentaba sus frías manos, Pedro tuvo tiempo de pensar. Jesús había sido arrestado. Pedro sabía que los judíos lo querían ver muerto. Ellos ya habían intentado matar a Jesús, y ahora lo habían apresado. Sabemos por las Escrituras que Pedro se encontraba a la vista de Jesús, porque cuando Jesús lo miró después que el gallo cantara, se dio cuenta de lo que había hecho. Por lo tanto, Pedro pudo haber presenciado la cruel burla y la terrible paliza a la que fue sometido. Probablemente sabía lo que iba a ocurrir. La justicia no existía en Roma. Ellos representaban la ocupación, y los judíos no eran más que escoria para estas personas. La crucifixión era algo normal y corriente... ¡hasta crucificaban a los ladrones!

LO QUE PEDRO TEMÍA

Puede que me equivoque, pero creo que Pedro le temía a la cruz romana. Él le temía a la crucifixión. Las cruces estaban por toda Jerusalén, manchadas con la sangre de criminales que habían violado la ley romana, y sus cuerpos permanecían colgados a la vista de todo el mundo. No se trataba de una simple inyección letal. Era un castigo cruel, pero normal. Los romanos habían elevado el nivel del sufrimiento humano a un punto aterrador. El propósito de la cruz era causar temor. La cruz significaba una exposición pública espeluznante... se trataba de una valla publicitaria diseñada para disuadir el intenso tráfico del crimen.

VALOR

Una de las virtudes más necesarias para un bombero es el valor. No es bueno que se dé la vuelta y salga corriendo a la primera señal de peligro. Él está dispuesto a sufrir dolor para llevar a cabo su cometido. Y para eso se necesita ser una persona especial.

En Jesús de Nazaret tenemos el mejor ejemplo de valor. Él sufrió el dolor indescriptible de la cruz para salvarnos de la agonía del infierno.

Existe una historia de un granjero que caminó por su granja después que el fuego lo había consumido todo. El granjero miró por un momento a una gallina muerta aún ardiendo y la empujó con el pie. Para su asombro, descubrió polluelos vivos debajo de sus alas. La madre había extendido sus alas de amor para protegerlos del fuego. Tal es el amor de Dios hacia nosotros. En Cristo, Dios extiende las alas de su amor para salvarnos del fuego consumidor de su justicia eterna.

Jesús comparó el amor de Dios al de una gallina que cubre a sus polluelos. Él dijo: «¡Jerusalén, Jerusalén, que matas a los profetas y apedreas a los que se te envían! ¡Cuántas veces quise reunir a tus hijos, como reúne la gallina a sus pollitos debajo de sus alas, pero no quisiste!» (Lucas 13:34).

Él es nuestro ejemplo. Si Dios nos amó así, nosotros debemos amar a los que en están en peligro de la venganza del fuego eterno. Que Dios nos dé una compasión que elimine nuestros temores naturales y nos guíe a arrebatar a otros del fuego, aunque aborreciendo aun la ropa contaminada por su cuerpo.

—Kirk Cameron

Por consiguiente, es bastante probable que Pedro estuviera bien familiarizado con la cruz. No hay dudas de que él había visto a los soldados sujetar las manos de personas angustiadas para clavarlas al madero. Probablemente había presenciado cómo la gente se contorcía cuando el acero romano penetraba la tierna piel. Había sido un testigo silencioso cuando los hombres endurecidos gritaban como animales, y se quedó horrorizado por la dura realidad de lo que estaba ocurriendo. Quizá los oyera suplicar que la muerte los rescatara. Una mirada a sus ojos habría sido suficiente para aterrorizar al más insensible de los corazones humanos.

No, no creo que Pedro tuviera miedo de la criada. Creo que él le temía a la terrible amenaza de la tortura romana del madero.

Es normal que Pedro se sintiera atemorizado. Yo mismo me conmuevo cuando pienso en la abominable crueldad de la cruz. Me hace pensar en cómo me siento cuando me clavo una espina en la mano y Sue intenta sacármela con una aguja. Tengo que darme la vuelta, porque los ojos se me llenan de lágrimas debido al dolor que siento. No cabe duda... soy el mayor de los endebles. Predico con frecuencia al aire libre, y uno mis versículos favoritos dice que si se nos persigue en una ciudad, huyamos a otra. Eso me parece una buena idea. No voy a esperar a que me apedreen hasta la muerte. En realidad, siempre he dicho que una de las primeras reglas que se deben observar para la predicación al aire libre es que no haya piedras sueltas en el entorno.

Hace muchos años, leí acerca de una mujer musulmana que había sido apedreada hasta la muerte por adulterio. La mujer murió en quince minutos. Quince largos minutos. Por eso, si la gente quiere matarme por mi fe, no dudaría un momento en seguir el ejemplo de Pablo y hacer que me bajaran en una canasta por el muro a fin de escaparme de las garras de aquellos que me persiguen. No importa el dolor, siempre y cuando no me haga daño.

LO QUE TEMEMOS

Ya he dicho que me identifico con el temor que Pedro sentía hacia la cruz. Es posible que seas como yo. Quizá a ti tampoco te guste el dolor. Tal vez eres un poco impetuoso y preferirías coger la espada de la Palabra de Dios para defender a Jesús. Sin embargo, quizá te pareces más a Pedro de lo quieres reconocer. Permíteme hacerte algunas preguntas profundas. Hace algo de frío, así que acércate al fuego para calentarte las manos. Veamos lo frías que las tienes.

¿Cuándo fue la última vez que le tendiste la mano a un inconverso? ¿Cuándo fue la última vez que le hablaste a alguien de la cruz ensangrentada? ¿Cuándo fue la última vez que predicaste a Cristo crucificado por el pecado del mundo? No te estoy preguntando si eres capaz de discutir con un evolucionista o derribar por el suelo a un ateo. No te estoy preguntando acerca de tu exégesis, tu hermenéutica o tu apologética presuposicional. No te estoy preguntando acerca de tus buenas obras o tu adoración. Te estoy preguntado si tú, como Pablo, te has propuesto no saber entre los impíos de cosa alguna excepto de Jesucristo, y de este crucificado (véase 1 Corintios 2:2). ¿O le temes a lo que las Escrituras llaman la «ofensa de la cruz»? Como Pedro, le temes a la cruz por el dolor personal que te causa. ¿Qué es lo quiero decir con eso?

Me he dado cuenta de que mi audiencia hasta cierto punto me respeta si predico o testifico sobre la evolución, los principios de un matrimonio piadoso, la necesidad de una legislación política conforme a la ley de Dios y algunos otros asuntos. Sin embargo, cuando predico acerca de la cruz y hablo del pecado —cuando menciono los Diez Mandamientos y hablo de la justicia y el juicio— eso provoca un desdén doloroso entre mi audiencia.

El famoso clérigo John Newton (1725-1807) habló acerca de la reacción del mundo al evangelio. En referencia a Hechos 17:18 («¿Qué querrá decir este charlatán?»), Newton dijo:

> A los apóstoles se les consideraba charlatanes [...] Nosotros no somos mejores que los apóstoles;

ni tampoco tenemos por qué esperar un trato mucho mejor siempre y cuando sigamos sus caminos. Por otro lado, existe una forma sobria y decente de hablar de Dios, y la bondad, y la benevolencia, y la sensatez, la cual el mundo soportará lo suficiente bien [...] Sin embargo, si predicamos a Cristo como el único fundamento, exponemos los horribles males del corazón humano, les comunicamos a nuestros oyentes que están muertos en sus transgresiones y pecados, y que no tienen más esperanza en sí mismos que los malhechores más viles [...] si les decimos a los virtuosos y decentes, al igual que a los disolutos, que salvo que nazcan de nuevo y sean hechos partícipes de la fe viviente, y lo consideren todo perdido por la excelencia del conocimiento de Cristo, ellos no podrán ser salvos; esto es lo que el mundo no puede soportar. Se nos llamará bribones o necios, fanáticos poco caritativos, y veinte nombre crueles. Si no te has topado con algo parecido, deseo que esto te invite a sospechar si en realidad has recibido la esencia correcta de las doctrinas de Cristo; porque, dependiendo de ello, la ofensa de la cruz no ha cesado[1].

La cruz conlleva una censura que despierta el odio de un mundo que se deleita en el pecado y está enemistado con Dios. Y por tanto, mi dignidad intelectual quiere evitar la cruz. Así que, ¿cuál es la respuesta a este dilema? ¿Cuál es el combustible que nos motiva a ignorar nuestros temores? Examinaremos los detalles específicos de este asunto en el próximo capítulo.

2

PALABRAS DESAGRADABLES QUE CONDENAN

La cruz tiene en sí misma cierta censura porque lleva consigo un pesado bagaje que nosotros preferiríamos no cargar en nuestra débil carne. Queremos evitar el dolor de la cruz en nuestra carne. Predicar la cruz significa que tenemos que decirle al mundo acerca del pecado y nuestra responsabilidad hacia Dios por nuestros pensamientos, palabras y hechos. Predicar la cruz significa que tenemos que hablar acerca de la ira de Dios contra la humanidad y sobre la realidad de un terrible lugar llamado infierno. Estos temas no son agradables. En verdad, son temas en extremo molestos e incluso dolorosos sobre los cuales hablar. Por eso es comprensible que se quiera dar un rodeo para evitar la cruz y su significado y hablar de cosas más agradables que provoquen sonrisas en lugar de ceños fruncidos.

Mi esposa y yo tenemos un comedero para pájaros cerca de la ventana de nuestra sala de estar, donde suelo realizar la mayoría de mis escritos. Cada día observo a los pájaros comiendo, revoloteando, peleando y emprendiendo el vuelo. Sin embargo, como creyente que soy, no puedo evitar reflexionar con mayor profundidad en lo que presencio cada día. Cada una de estas pequeñas criaturas es una máquina voladora asombrosa e independiente. He leído la biografía de los hermanos Wright y me quedé fascinado por el hecho de que ellos estudiaron continuamente los principios de vuelo que observaron en los pájaros antes de construir su propia máquina voladora. Hoy día nosotros disfrutamos del milagro del vuelo porque los hermanos Wright copiaron la obra creadora de Dios. Ellos vieron cómo los pájaros agitaban sus alas durante el vuelo, y percibieron cómo utilizaban sus colas a modo de timón. Si Dios no les hubiera dado a los hermanos Wright y a otros las pistas a través de su creación, es probable que nosotros todavía no hubiésemos sabido cómo volar hoy.

Observo a estos pequeños pájaros aterrizar en un pequeño espacio con absoluta precisión, batir sus asombrosas alas y mover sus cabezas con movimientos increíblemente delicados. Cada uno tiene su propia personalidad y una mente que le permite alimentarse de lo que le beneficia. Posee memoria para saber dónde está la comida y mezclarse instintivamente con pájaros de su especie, pero sus diminutos ojos están totalmente alertas a los gatos. Si apareciera un gato, o yo hiciera un movimiento con mi mano, sería suficiente para ahuyentar a una docena de ellos de forma instantánea. Los pájaros no se asustan a la primera señal de peligro y empiezan a volar chocando unos contra otros, sino que en una fracción de segundo emprenden el vuelo al unísono de una forma asombrosa. No es que uno de ellos haga sonar la alarma y todos se marchen. Se trata de una salida instantánea.

Cada pájaro tiene un pequeño cerebro, músculos que mueven la cola y agitan las alas, un sentido de la sed, un sentido del hambre y un instinto para construir una casa, iniciar una familia y buscar alimento por el día y dormitar por la noche. Ellos tienen un cerebro que coordina las pequeñas patas, las alas, un estómago, los jugos digestivos, los pulmones que recogen el aire, los riñones, los intestinos, un hígado, la sangre y un corazón que la bombea y la envía junto con el oxígeno a través de este pequeño cerebro que mantiene a cada pequeño pájaro vivo y coleando.

Como creyentes, nosotros a menudo hablamos de tales maravillas de la creación que revelan la genialidad de nuestro asombroso Creador. Sin embargo, para alcanzar a un mundo impío con el evangelio, no podemos limitarnos a predicar los prodigios del diseño inteligente. Debemos predicar al *Diseñador* inteligente. Debemos predicar a la *persona* de Jesucristo. Las Escrituras nos dicen que él fue el que creó (antes de su encarnación) todas las cosas. No existe nada que no haya sido hecho por él (véase Juan 1:3-14). Escuche al apóstol Pablo revelándonos el contenido de su predicación: «No nos predicamos a nosotros mismos, sino a Jesucristo como Señor» (2 Corintios 4:5). Él también afirma: «Pero nosotros predicamos a Cristo crucificado» (1 Corintios 1:23). ¿Por qué hace esto? Nos lo explica en 1 Corintios 2:1-5:

> Yo mismo, hermanos, cuando fui a anunciarles el testimonio de Dios, no lo hice con gran elocuencia y sabiduría. Me propuse más bien, estando entre ustedes, no saber de cosa alguna, excepto de Jesucristo, y de éste crucificado. Es más, me presenté ante ustedes con tanta debilidad que temblaba de miedo. No les hablé ni les prediqué con palabras sabias y elocuentes sino con demostración del poder del Espíritu, para que la fe de ustedes no dependiera de la sabiduría humana sino del poder de Dios.

Pablo está hablando acerca del evangelio: la *persona* de Jesucristo y de él crucificado. El mensaje del evangelio tiene el poder de Dios para traer salvación. Sin entender la cruz, no puede haber salvación. Uno puede conseguir una «decisión» de un pecador, pero si esa persona no confía en la persona viviente de Jesucristo, él o ella no es salvo.

Si simplemente utilizamos la apologética para convencer a la gente de que haga una decisión a favor de Cristo, posiblemente terminemos cortando orejas como el celoso Pedro. Nuestras iglesias están llenas de personas que no demuestran haber sido regeneradas por el Espíritu Santo. Creen en Dios y en Jesús, pero no demuestran los atributos que acompañan a la salvación. Ellos han tomado una decisión en base a la sabiduría del hombre y no a la demostración del Espíritu y su poder. Su fe está fundamentada en la sabiduría humana, no en el poder de Dios. Estas personas son casi inalcanzables y están inoculadas contra el verdadero evangelio, ya que piensan que son salvas cuando está claro que no es así.

No te estoy aconsejando que evites la apologética. En realidad, yo mismo he publicado una Biblia que está llena de argumentos apologéticos[1]. Más bien, el discurso apologético debe ser un medio para lograr un objetivo, y ese objetivo debe ser la cruz, porque sin la cruz los pecadores no pueden ser salvos. J. C. Ryle dijo:

> Dejen que otros, si lo desean, prediquen la ley y la moralidad. Dejen que otros diserten pomposamente sobre los terrores del infierno y los gozos del cielo. Dejen que otros saturen a sus congregaciones con enseñanzas sobre los sacramentos y la verdad. Denme la cruz de Cristo. Esta es la única palanca que hasta la fecha ha conseguido mover al mundo, y ha hecho que los hombres renuncien a sus pecados[2].

Si tú y yo estamos eludiendo la cruz, es posible que no hayamos experimentado nuestro Getsemaní. O que nunca hayamos presentado nuestros cuerpos como sacrificio vivo y orado: «No se haga mi voluntad, sino la tuya». Así que seguimos a Jesús de lejos. Por consiguiente, vivimos entre los impíos sin sentir una verdadera inquietud por su bienestar eterno, y lo demostramos cuando eludimos la cruz.

CORRIENDO POR LAS CALLES COMO UN LOCO

Una vez un ateo me escribió y me dijo: «Si usted creyera tan solo un poquito que a diario miles de individuos sucumben a un destino eterno e inmutable, debería estar corriendo por las calles completamente enfurecido por la ceguera de ellos. No hacerlo sería lo mismo que plantarse en la esquina de una calle y observar a cada persona que pasa por delante de usted caminando a ciegas, directamente hacia la trayectoria de un autobús para encontrar la muerte, y aun así permanecer parado sin hacer nada».

Escucha sus palabras: «Si usted creyera tan solo un poquito que a diario miles de individuos sucumben a un destino eterno e inmutable, *debería estar corriendo por las calles completamente enfurecido por la ceguera de ellos*». Yo le respondí: «¡Eso es lo que hago!». Me aterroriza que cualquier persona pueda acabar en el infierno. Siempre que me golpeo el dedo pulgar con un martillo o siento el dolor que me causa el taladro del dentista cuando me toca el nervio, pienso en el destino de aquellos que mueren en sus pecados. Estos no son pensamientos agradables, pero son pensamientos que debemos considerar si vamos a interesarnos por los inconversos. Charles Spurgeon dijo:

> Si los pecadores van a ser condenados, al menos déjenlos saltar al infierno por encima de nuestros cuerpos. Y si van a perecer, déjenlos perecer con nuestros brazos apretados a sus rodillas, implorándoles que se queden. Si el infierno ha de estar lleno, al menos dejen que esté lleno luego de encarar nuestros esfuerzos, y no permitan que nadie llegué allí sin nuestras advertencias u oraciones[3].

¿Es ese el caso de los Estados Unidos de América en este momento? ¿Vemos a los predicadores implorándoles a los perdidos en sus iglesias? ¿Vemos al creyente profundamente preocupado por la salvación de los inconversos? Escucha las palabras del fallecido Bill Bright, fundador de la Cruzada Estudiantil para Cristo:

> Aquí en los Estados Unidos, un tercio de todos los adultos profesan ser nacidos de nuevos, cristianos evangélicos [...] Pero tenemos un serio problema. Estos hechos no están reflejados en la vida de nuestra nación. Según nuestras encuestas [...] tan solo un dos por ciento comparte su fe en Cristo. Evidentemente, algo trágico está ocurriendo[4].

Piensa en esto: Mientras que el mundo se va derecho al infierno, ¿qué porcentaje de la iglesia contemporánea está dedicado a alcanzarlo con el evangelio? Tan solo un dos por ciento. ¡Qué terrible acusación contra la maldad de nuestros corazones que se nos tenga que *decir* que llevemos las palabras de vida eterna a un mundo que perece! ¿Qué tipo de médico es aquel que tiene la cura en sus manos y aun así se le debe *decir* que se la proporcione al paciente moribundo? ¡Al contrario, debería estar más que dispuesto a hacerlo!

—Perdone, doctor, ¿pero por qué está usted ahí parado en lugar de ayudar al paciente?
—Porque no sé qué decir.
—¿Qué quiere dar a entender al indicar que no sabe qué decir? Eso es absurdo. ¿Tan siquiera se ha detenido a pensarlo? Se supone que usted es médico. Dígale que está gravemente enfermo y que usted tiene la cura.
—¿Y si me hace una pregunta que no puedo responder?
—Simplemente diga: "No sé la repuesta a esa pregunta, pero intentaré buscar la respuesta y se la daré".
—¿Y qué pasa si me rechaza?
—Eso es problema de la persona, no suyo. Usted solo tiene la obligación moral de hablarle de la cura para su enfermedad terminal.
—Pero yo no tengo el don de la palabra.

—¿Por qué no dice la verdad? A usted no le importa este paciente moribundo. Solo está buscando excusas. Le tendría que dar vergüenza. Usted no merece llamarse médico.

¿Qué es lo que nos sucede? Se supone que debemos tener el amor de Dios en nuestros corazones, pero nuestros corazones están endurecidos. Cada minuto de cada día los individuos mueren y van al infierno, y aun así buscamos excusas para no tener que hablar con ellos, cuando en realidad deberíamos querer proclamar el evangelio desde las azoteas.

PERSONALIZA TU MUNDO

Hace poco leí una biografía de Abraham Lincoln que escribiera David Colins. La misma se redactó con las propias palabras de Lincoln y está basada en archivos históricos. Conforme pasaba cada página, me preguntaba cómo el autor sortearía el asesinato de Lincoln, ya que resultaba evidente que él no pronunció palabra alguna después que le dispararan en la cabeza. Inconscientemente, pensaba: *¿Qué es lo que va a decir el autor: «Y ahí estaba yo, sentado en el Teatro Ford, disfrutando de la obra, cuando alguien me disparó en la cabeza y morí»?* Eso no tendría ningún sentido.

En el libro, Lincoln habló del dolor de la Guerra Civil, de la satisfacción de volver a disfrutar de la paz en el país, y de su salida con su esposa a presenciar una obra de teatro. Se trataba de una comedia, y comentaba lo bueno que era oír a la gente reír de nuevo. Lincoln decía: «Estar con María [...] pensar en los años futuros. Por favor, Dios, no dejes que la gente olvide el gozo del amor, el placer de la risa, y la belleza de la paz». A continuación, solo aparecía un titular en negrita que decía: «WASHINGTON, D.C. Le han disparado al presidente Abraham Lincoln en el Teatro Ford poco después de las diez de anoche. A las 7:22 de esta mañana, 15 de abril de 1865, se le ha declarado muerto»[5].

Al leer esas palabras, las lágrimas corrieron por mis mejillas. No podía creer mi reacción. Desde el momento que empecé a leer el libro sabía lo que iba a ocurrir. ¿Por qué estaba llorando entonces como un niño? La razón es porque a lo largo del libro había llegado a conocer a Abraham Lincoln no como un personaje histórico distante, sino como un hombre lleno de temores y dolores.

Me entristecí cuando su querida hermana murió de forma repentina en su juventud. Lloré con él la muerte de sus dos hijos a consecuencia de una terrible enfermedad. Sentí compasión cuando se cuestionó por qué Dios le había dado a él y su querida esposa niños tan maravillosos para luego dejar que la muerte se los arrebatara. El libro *personalizó* a Lincoln hasta el punto en que, cuando llegó a ser asesinado, personalmente sentí el dolor de su inoportuna muerte.

¿Sabes que cada veinticuatro horas mueren ciento cincuenta mil personas? Esas son muchas personas —¡ciento cincuenta mil!— cada día. Casi representa la audiencia de dos eventos de *Superbowls* con un lleno completo. Sin embargo, como solo se trata de una mera estadística, no le vamos a prestar atención, y por lo tanto, no nos va a afectar para nada. Si vamos a sentir pasión por los inconversos, tenemos que *personalizarlos* hasta el punto en el que su perdición nos cause algo más que una lágrima en los ojos. Tenemos que darnos cuenta de que esas ciento cincuenta mil personas que acaban muriendo cada día son madres y padres queridos, hijos e hijas, hermanos y hermanas, gente con los mismos temores y dolores que nos castigan. Eso es lo que se conoce como empatía, una virtud compasiva que causa que sintamos el dolor de otros.

UNA SALIDA NECESARIA

En el Mar Muerto no hay nada vivo. Su agua es una de las más saladas del mundo, y se vuelve aun más salada mientras más profunda se encuentra. Es casi seis veces más salada que la del océano. Se le llama el mar «muerto» porque está rodeado de tierra por completo y no tiene salida. Lo abastecen continuamente ríos y arroyos que descienden de las montañas que lo rodean, pero no hay ningún río que fluya fuera del Mar Muerto.

¡Qué similitud existe entre la iglesia moderna y el Mar Muerto! La enseñanza que recibe es rica, pero no tiene salida. No le tiende la mano a los inconversos. No creo que en la historia de la iglesia hayan existido personas con tanto conocimiento como las de hoy día. Hace años, era prestigioso poseer comentarios completos de Matthew Henry o todos los sermones de Spurgeon. Eso significaba que el propietario podía leerlos y enriquecer sus conocimientos. En la actualidad, podemos conseguir el material de Spurgeon o cualquier otro predicador o comentarista de manera instantánea a través de la Internet. Es más rápido que hacer nuestras compras por la ventanilla de autoservicio, sin bajarnos del carro. En cuestión de segundos podemos averiguar casi lo que cada predicador ha dicho acerca de cualquier tema. Por consiguiente, hemos enriquecido nuestro conocimiento más que cualquier otra generación. No obstante, en realidad, la iglesia contemporánea es una iglesia desdichada, pobre, ciega, miserable y desnuda. Tenemos mucho, pero a pesar de ello hemos hecho muy poco para llegarnos a los inconversos.

Un tercio de todos los adultos de los Estados Unidos se consideran cristianos evangélicos nacidos de nuevo. Eso supone un número superior a los cien millones de habitantes[6]. Y deben estar esparcidos por toda nuestra sociedad. Debo cruzarme con ellos en las aceras, el centro comercial, mi automóvil y la tienda. Aun así, he viajado en más de dos mil vuelos (muchos de ellos en los Estados Unidos) y *ni una sola vez* la persona sentada a mi lado ha intentando testificarme. ¿Dónde están entonces los cien millones de personas que tienen el amor de Cristo en sus corazones? ¿Dónde encuentra uno interés por los inconversos?

Un gran predicador dijo una vez: «Debemos sentirnos avergonzados ante la más ligera sospecha de indiferencia». No se trata de que tengamos una ligera sospecha... nuestra inacción como iglesia demuestra que nuestra indiferencia es *total*.

UNA VIDA CAMBIADA

Hace poco un joven nos escribió para contarnos acerca del cambio que ocurriera en su vida después de aceptar a Cristo. Él dijo que había estado autolesionándose con cortes, pero que llegó a la conclusión de que necesitaba un Salvador, se arrepintió de sus pecados y depositó su fe en Jesús. Esto es lo que escribió en su correo electrónico:

> Allí sentado, sentí como si mi dolor se fuera gota a gota, lavado para siempre en la sangre de Cristo. Me sentí tan aliviado que no sé siquiera cómo describirlo. Luego me fijé en mis brazos y mis cicatrices me dieron asco. Antes formaban parte de mi ser. Ahora, hacían que me sintiera pecaminoso [...] me sorprendí de que antes utilizara el dolor para sentirme vivo [...] si puede, por favor, dígale a otros que hay tipos como yo en el mundo que simplemente necesitan oír este mensaje de salvación. Tengo amigos que están en la misma posición en la que me encontraba, y voy a hablarles tan pronto como pueda.

El fruto de una conversión genuina consiste en ser incapaz de quedarse sentado con los brazos cruzados entre los impíos, sin que nos importe que sufran una condenación eterna en el infierno. El problema es que mucha gente no está *en realidad* convertida. Estas personas nunca han oído el verdadero evangelio, y por lo tanto nunca han visto a Jesucristo claramente establecido y crucificado. Ellas no llegaron al pie de la cruz manchada con la sangre de Jesús. Llegaron a una «decisión» cuando en verdad tenían que haber alcanzado el lugar del arrepentimiento, porque habían ofendido a un Dios santo que ve la lascivia como adulterio y el odio como asesinato. Nunca se les mostró su pecado por medio del conocimiento de la naturaleza espiritual de la ley moral (los Diez Mandamientos) a la luz de la revelación del Nuevo Testamento.

SIMPLEMENTE EMPIECE A HABLAR

Una vez me estaban haciendo un análisis de sangre y cuando la enfermera vino para preparar la jeringa, le pregunté:

—¿Cómo te llamas?

—Polly

—Polly, ¿qué crees que ocurre después de que alguien muere? ¿Crees que hay un cielo?

—No lo sé.

—¿Crees que hay un infierno?

—No lo sé.

—Si hubiera un cielo, ¿crees que eres lo suficiente buena como para ir allí? ¿Eres una buena persona?

—Sí, lo soy.

Ella parecía ser una persona bastante abierta, así que le dije:

—Hay una forma de averiguarlo. Simplemente échale un vistazo a los Diez Mandamientos por espacio de dos minutos.

—¡Ah, yo solía hacerlo muy a menudo! —contestó ella (¡pensaba que me estaba refiriendo a la película!).

Este incidente me recordó otra ocasión en la que iba en un ascensor con un hombre de negocios. Necesitaba darme prisa, porque él solo bajaba un par de pisos y en este caso tuve que utilizar un recurso especial para entablar la conversación[7]. Entregándole un centavo grabado con los Diez Mandamientos, le pregunté: «¿Tiene usted uno de estos?». Al mirarlo y darse cuenta de la inscripción en la moneda, añadí: «Es un centavo con los Diez Mandamientos. ¿Cuántos mandamientos ha guardado usted?». Mirando el centavo de nuevo, él contestó: «Es el primero que me dan», y seguidamente salió del ascensor.

Estos son solo un par de ejemplos de la gente con la que tú y yo nos encontramos a diario. Ninguna de las personas con las que hablé tenía idea alguna de la vida que el mensaje de salvación en Cristo Jesús ofrece. A pesar de que no oré con estas personas para que tomaran una decisión a favor de Cristo, mis palabras y mis acciones plantaron una semilla que podrá ser regada y cosechada en un futuro. ¿Qué habría sucedido si no hubiese hablado como lo hice? La enfermera hubiera seguido pensando que los Diez Mandamientos de Dios se trataban de una película. Y el hombre en el ascensor dejaría este mundo sin jamás haber pensado demasiado acerca de por qué cada hombre, mujer y niño necesitan un Salvador.

Sigue leyendo con atención, porque lo que quiero decir ahora es algo interesante acerca de mis queridas gallinas. La mayoría de nosotros tenemos algo en común con ellas...

3

DALE RIENDA SUELTA A LA LENGUA

Sue y yo tenemos un gallinero. Recoger huevos frescos todos los días es algo maravilloso. Y esa es la razón por la que tenemos gallinas, para que nos den huevos frescos. Así que para recordarles a las «señoritas» el porqué de su existencia, las nombré y escribí sus nombres en la pared del gallinero. Sus nombres eran: Original, Deliciosa, Asada, Tierna y Crujiente (incluso hasta puse una fotografía del Coronel Sanders junto a sus nombres). A menudo les pregunto: «¿Qué vamos a cenar esta noche, huevos… o pollo?». Las gallinas tienen suficiente paja, comida y agua fresca. Me gusta que mi gallinero sea el lugar «más feliz de la tierra» para las gallinas.

He aprendido muchísimo de estas señoritas. Ellas son extremadamente atrevidas, en especial cuando creen que tengo comida en la mano. Se ponen a saltar y a picotear mi anillo de bodas o mi mano buscando comida. No obstante, si bajo la mano hacia ellas como si fuera a levantarlas, se agitan y se agachan, y hasta tiemblan.

¡Cómo nos parecemos a las gallinas! Somos atrevidos en algunas áreas, en especial cuando se trata de recibir cosas de Dios. Picoteamos versículos de la Biblia que nos llaman la atención y parecen aportarnos algún beneficio. ¿Cuántos de nosotros hemos subrayado el versículo: «Deléitate en el SEÑOR, y él te concederá los deseos de tu corazón» (Salmo 37:4)? Sin embargo, cuando él pone su mano sobre nosotros para que hagamos su voluntad —que prediquemos y testifiquemos de la sangre de la cruz a un mundo que le odia— nos encogemos como gallinas asustadas.

Permíteme hacerte una pregunta: ¿Podrías subirte a una tribuna y predicar el evangelio ante extraños? ¿Te asustaría hacer eso? Yo he tenido amigos que dicen que la predicación del evangelio por primera vez resultó tan aterradora como la primera vez que hicieron el paracaidismo acrobático. Quizá puedas sentirte identificado con eso, pero no tiene ningún sentido. Piensa en ello. Si algo sale mal cuando estás predicando y tienes que saltar de la tribuna, caes a tierra a una velocidad de tres kilómetros por hora. No hay problemas. No obstante, si algo sale mal cuando estás saltando en paracaídas, caerías a tierra y la impactarías a una velocidad de ciento noventa y cinco kilómetros por hora. Tu vida llegaría a su fin. ¿Qué es en realidad más aterrador: predicar el evangelio en las esquinas de las calles o saltar de un avión y preguntarte si tu paracaídas se va abrir?

Necesito confesar algo: Tengo mis propios planes. Quiero que la iglesia contemporánea deje de ser como las gallinas y sea tan atrevida como los leones. Quiero que la iglesia moderna actúe como la iglesia del libro de los Hechos. Quiero que el cuerpo de Cristo se comporte como si hubiera encontrado la vida eterna. Quiero que se atreva a ir «por todo el mundo», predicando el «evangelio a toda criatura».

Fíjate en las palabras de la Gran Comisión en Mateo 28:19-20. El texto dice que tenemos que ir a todas las naciones. Es así porque el mundo no va a venir a nosotros. Los que están en el mundo aman las tinieblas y detestan la luz. *Y no vienen a la luz, para que sus obras no sean puestas al descubierto* (véase Juan 3:19-20). Por eso tenemos que llevarles el evangelio.

ANTES DE QUE JESÚS REGRESE

En lo que se refiere a huracanes, tornados, inundaciones e incluso a la economía, las noticias seculares a menudo suenan como si tuvieran que ver con el cristianismo. Los presentadores de las noticias hablan acerca de «actos de Dios» y cosas que ocurren en «proporciones bíblicas». Y están en su pleno derecho de hacerlo. La frecuencia con la que ocurren estas cosas no tiene precedentes en la historia de la humanidad.

Cada vez que veo un acto ilegal, un sistema eclesiástico exánime, una nación que se levanta contra otra, gente que ama el placer e ignora a Dios, un crecimiento de la inmoralidad, disturbios en el Medio Oriente, el colapso de un sistema financiero, e incluso un aumento del ateísmo (rebelión contra Dios), lo considero como una señal más de que nos acercamos al final de los tiempos y la institución del reino de Dios literal.

De todas las épocas de la historia, esta no es la más indicada para que los cristianos se queden cruzados de brazos sin hacer nada. Una de las señales que Jesús mencionó con relación al final de los tiempos fue la predicación del evangelio. ¿Estás evangelizando? ¿Estás acercándote a los que son engañados por el pecado? ¿Te importa que en tan solo un instante se los pueda llevar la muerte? Entonces *haz algo*. Ve a algún sitio, encuentra a alguien y di alguna cosa. Aprende a presentarles a las personas los Diez Mandamientos y enséñales por qué necesitan un Salvador.

¿Acaso te da miedo ese pensamiento? Tú no eres el único. El miedo es el veneno del enemigo. Su objetivo es paralizarte. Fíjate en este comentario de un hermano que decidió llegarse a los inconversos:

> En la razón número dos del DVD de *The Way of the Master* [Los pasos del Maestro], «Cómo tener la pasión de Dios», ustedes mencionan que incluso des-

pués de todos estos años pueden sentir ansiedad en el estómago antes de salir a testificar. ¡Los ataques que yo he sentido han sido bien fuertes! Incluso después de decir que iría, en el segundo viaje, me sentí tan atacado que mi esposa me dijo que siempre podía llamarlos y cancelar, que simplemente les dijera que no me encontraba bien. Tenía la cabeza reposada sobre el escritorio y casi no me podía mover. Mi estómago estaba revuelto. Me entraron todo tipo de miedos: tú no sabes lo suficiente, vas a dar la nota, tienes demasiado orgullo, vas a guiar a alguien por el camino equivocado, los vas a ahuyentar, y otras cosas parecidas. ¡Solo por el poder del Espíritu Santo, que me recordó que incluso después de todos estos años tú, Ray, sigues sintiendo esos ataques, pude levantar la cabeza de ese escritorio, agarrar mis llaves y salir por la puerta! Puedo continuar diciendo que conversé en español con tres hombres diferentes, un idioma que no había hablado hace años. ¡Decir que estaba un poco «oxidado» sería quedarme corto! Aun así, Dios es fiel, y mientras mi mente buscaba las palabras que tenía que decir, mi boca ya las estaba pronunciando. Ni siquiera había practicado los Diez Mandamientos en español, mucho menos el evangelio.

No escuches a tus temores; escucha a tu fe. El temor te susurra que no puedes. La fe te dice que sí, porque la fe incluye a Dios en la ecuación. La fe corre hacia Goliat.

¿Por qué tenemos tanto temor cuando llega la hora de predicar en público? La respuesta es evidente: Tenemos miedo de hacer el ridículo, de que se nos quede el pensamiento en blanco y no podamos decir nada. Tenemos miedo de hacer el ridículo al no poder responder a una pregunta, y no queremos experimentar esa vergüenza. En otras palabras, lo que deseamos es la aprobación de nuestra audiencia. Por eso, nuestro temor va en proporción directa a nuestro orgullo. Una persona orgullosa se preocupa de su imagen hacia los demás. Sin embargo, el amor y el interés por el bienestar de nuestra audiencia debe hacernos decir de inmediato: «No me importa mi persona. Lo que me importa es la condición eterna de esta gente. ¡Ellos tienen como destino el infierno, y yo debo advertírselo!».

NO TENGAS REMORDIMIENTOS

Por lo tanto, ¿cuáles son tus temores personales a la hora de compartir el evangelio? Espero que al menos tengas uno, porque eso quiere decir que te estás tomando en serio la tarea de alcanzar a los inconversos. ¿Acaso no te salen las palabras y tienes miedo de hacer el ridículo? Si es así, tengo un paracaídas de repuesto. Lleva una copia del Nuevo Testamento en la mano, y si se te queda la mente en blanco, ábrela a Juan 3:16, lee este versículo, di «gracias» y bájate de la tribuna.

Cuando pienso en decisiones imprudentes de las que acabamos arrepintiéndonos, con frecuencia pienso en los fumadores y paracaidistas. ¿En que pensará una persona que se está sofocando lentamente a causa del tabaco que se ha fumado? ¿Qué sentido tiene inhalar humo hacia los pulmones? Es como pincharse el ojo con una aguja todos los días y después preguntarse por qué te estás quedando ciego. Cada instinto debiera indicar decir que fumar es una locura.

¿Y qué diremos de alguien que de repente se da cuenta de que su paracaídas ha fallado y está cayendo en picada hacia el suelo a ciento noventa y cinco kilómetros por hora? Me pregunto qué es lo último que le pasa por la mente a esa persona. ¿Que su cuerpo se hará pedazos con el impacto? ¿Que él o ella nunca verá a sus seres queridos de nuevo? ¿Está esa persona pensando: *Por qué elegí hacer esto cuando cada instinto de mi ser me decía a gritos que no lo hiciese*? (A propósito, si no puedes olvidarte de la locura de querer saltar en paracaídas o hacer algún tipo de actividad arriesgada porque quieres experimentar una infusión de adrenalina, prueba en su lugar la predicación al aire libre. Puede que alguien encuentre vida eterna porque abriste la boca en lugar del paracaídas).

Si ciertas decisiones en la vida, como fumar o saltar en paracaídas, te parecen imprudentes, ¿cuánto más nos arrepentiremos de la decisión de no hablar del evangelio cuando el día del juicio llegue? La gente a menudo cita el famoso versículo: «Acuérdate de tu Creador en los días de tu juventud» (Eclesiastés 12:1) y se lo atribuyen a los inconversos, cuando en realidad se lo deberían aplicar a sí mismos.

Si Dios te permite llegar a viejo, llegará el día en el que el espíritu esté dispuesto, pero la carne sea débil. Puede que te encuentres sentado en una silla con una manta por encima para que no tengas frío. Tu voz vacila, tus manos tiemblan y tu mente no puede articular una clara presentación del evangelio. Y te das cuentas de que cualquier intento de comunicación es difícil. Piensas en la energía que tenías cuando eras joven y la agilidad mental que poseías en aquel momento. Entonces te susurras a ti mismo: *¡Ay, como malgasté mi juventud en vanidades! Debería haber servido a Dios cuando era capaz de pensar y moverme y hablar.*

DALE RIENDA SUELTA A TU LENGUA

En Marcos 7:35 se nos relata la historia de cómo trajeron ante Jesús a un hombre sordo y tartamudo. Jesús le puso los dedos en los oídos y dijo: «Ábrete», y también se nos indica que «se le destrabó la lengua». ¡De repente él podía hablar! Jesús les ordenó a los que lo vieron que no se lo dijeran a nadie. Sin embargo, ellos fueron incapaces de guardar el secreto, sino que proclamaron lo que vieron y oyeron desde las azoteas.

Quizá Dios ha estado llamando a tu corazón a través de este libro para que se te desate la lengua con el fin de compartir el evangelio. ¿Es eso lo que deseas? Espero que sí. Espero que llegues a un punto en el que si alguien te dice de no predicar a

Cristo crucificado, exclames: «¡No puedo dejar de decir lo que he visto y oído!».

¿Estás empezando a ver la necesidad de añadir tu voz a la de aquellos que están comunicando el evangelio? Si aún no estás convencido, y si no puedo apelar a tu compasión por los inconversos, quizá pueda apelar a tu egoísmo para que al menos te pongas en marcha. Ya puedo oír a alguien decir: «¡Pero esa no es una buena razón para estar predicando!». Cierto. No es una buena razón. No obstante, lee lo que el apóstol Pablo dice acerca de los motivos para predicar el evangelio:

> Es cierto que algunos predican a Cristo por envidia y rivalidad, pero otros lo hacen con buenas intenciones. Estos últimos lo hacen por amor, pues saben que he sido puesto para la defensa del evangelio. Aquéllos predican a Cristo por ambición personal y no por motivos puros, creyendo que así van a aumentar las angustias que sufro en mi prisión. ¿Qué importa? Al fin y al cabo, y sea como sea, con motivos falsos o con sinceridad, se predica a Cristo. Por eso me alegro; es más, seguiré alegrándome (Filipenses 1:15-18).

Aunque alguien predicara a Cristo con un *mal* pretexto, Pablo se regocijaba. ¿Por qué? Porque en realidad no importa el *por qué* una persona se acerca a los inconversos siempre y cuando *lo haga*. Los motivos imperfectos para predicar el evangelio siguen logrando que la gente escuche las palabras de salvación.

Sin embargo, ¿acaso existe algo como el motivo «perfecto»? Eso es algo de lo que hablaremos en el siguiente capítulo.

4

LA FUENTE DEL PODER QUE TANTO NECESITAMOS

¿Oras a menudo? Espero que sí, porque es en la oración privada donde encontramos la fuente del poder que tanto necesitamos.

Mi mejor tiempo de oración es por la noche, ya que me distraigo fácilmente con las actividades diurnas. Durante años me he ido a la cama temprano, me he despertado alrededor de la medianoche la mayoría de los días de la semana, y me he levantado a orar. Siempre agarro una manta con la cual arroparme, y luego me arrodillo en el suelo en la oscuridad. La manta y la oscuridad no solo me proporcionan una sensación de seguridad, sino también una sensación de intimidad con Dios. Tengo además a la mano papel y lápiz. Y así empiezo la búsqueda del alma.

Todos sabemos que es sabio llevar un control de nuestra piel por el riesgo de contraer cáncer de piel. Es posible que lo que parezca algo pequeño en la superficie sea una red de muerte por debajo de la piel. Lo mismo se puede decir de la espiritualidad. Una palabra o un pensamiento áspero puede ser una señal de algo más profundo dominado por la muerte. Una mirada llena de lujuria puede olvidarse con facilidad durante las actividades diarias, pero la oración suele hacer que nos acordemos de ella. Tenemos por costumbre llamarle a esta actividad un «tiempo de quietud» con el Señor. Y así es como debe de ser, porque es en la quietud donde podemos oír la voz de nuestra conciencia bajo la influencia del Espíritu Santo.

Hace poco recibí el siguiente correo electrónico de una mujer que estaba regocijándose en su salvación. Ella había llegado al poder de la salvación de la cruz a través del tiempo de quietud en oración:

> Oí acerca de *The Way of the Master* [Los pasos del Maestro], y al leer el libro y averiguar todo lo que pude, acepté al Señor como mi Salvador. Esto ocurrió el tercer día después de que empezara a tener los tiempos de quietud. Levanté la vista y me di cuenta de lo horrible que yo había sido y lo bueno que es Dios, y de cómo él me había buscado intensamente a pesar de que era una persona horrible que lo evitaba siempre. Yo era lo que ustedes llaman una «reincidente»; he estado asistiendo a la iglesia toda mi vida y había estado alimentando el «evangelio moderno» y, sí, ya había aceptado a Jesús en mi corazón varias veces.
>
> Esa es otra cosa que nunca entendí: Había intentado en repetidas ocasiones aceptar a Jesús en mi vida, y me enojaba porque nunca lo sentía parte de mí. Estaba muy enfadada con Dios porque a pesar de mis oraciones no sentía nada y no lograba entenderlo. Deseaba que Dios me hiciera sentir mejor, pero no fue así. Sea como fuere, me porté mal a lo largo de toda mi adolescencia, y después sentía remordimiento por lo que hacía. Aun así, pensaba que era salva, ya que la gente siempre dice que uno sabe que es salvo cuando hace algo que no debe y siente remordimiento o culpa por ello [...]

De cualquier modo, sé que soy salva ahora. ¡Gracias a Dios! Desde que conozco sobre *The Way of the Master* he visto cómo el evangelio moderno —«el secreto mejor guardado del infierno»— está acabando con la gente. Esto me pone furiosa. Yo podía haber sido una de esas personas.

Me habían enseñado ciertas cosas durante todos esos años, y debería haberme dado cuenta de por qué eran erróneas, pero no tenía ese discernimiento. Hace poco me practicaron una cirugía del cerebro y me asusto de solo pensar en lo cerca que estuve de morir y no ir al cielo. Eso es algo espantoso y bastante perturbador.

Los predicadores a los que solía escuchar y de los que pensaba: *Caramba, son muy interesantes, me gusta escucharlos*, ahora los considero frustrantes y me percato de la forma en la que básicamente están ignorando las palabras de Jesús. Me molestaba cuando escuchaba a un predicador dar un sermón sobre el día del juicio y la ira de Dios, pero ahora estoy muy orgullosa de oír a esos predicadores hablar sobre esos temas, porque en verdad les importa más la gente de la iglesia que ellos mismos. Es maravilloso que a una se le haya abierto el entendimiento. ¡Gracias a Dios, a su debido tiempo!

LA REVELACIÓN DEL PECADO PERSONAL

Pasar tiempo con el Señor es algo precioso para conocerlo mejor. Por eso, cuando tengo mi tiempo de quietud, oro que el Señor me examine y conozca mi corazón, me pruebe y sondee mis pensamientos, y vea si hay en mí camino de perversidad (véase Salmo 139:23-24). El orgullo no me preocupa demasiado. De forma habitual, puedo detectarlo en mí mismo cuando aparece con toda su fealdad. Lo que en realidad me preocupa es algo más sagaz: el cáncer del engreimiento. Ese es un orgullo oculto que se esconde por debajo de la carne. Dios es siempre fiel en mostrármelo a fin de que pueda erradicarlo con el poder de la sangre derramada por Jesús en la cruz.

Otros pecados más sutiles, como los celos, la amargura y el resentimiento por lo que otras personas han hecho o dicho en el pasado, también pueden mermarnos y robarnos del poder que ejercemos a través de la oración. En mi propia vida, cuando sé que mi paciencia está siendo probada, o cuando empiezo a tener pensamientos que quisiera olvidar, corro el peligro de sucumbir al pecado de la amargura. Por eso, he formulado la siguiente confesión de pecado tomando como base algunas porciones de las Escrituras (véase Mateo 5:43-45; 1 Corintios 13:4-7; Filipenses 2:3), para así fortalecerme contra esta amargura tan sutil:

> Me esforzaré en ser paciente y amable, no celoso o jactancioso u orgulloso o grosero. No exigiré hacer las cosas a mi manera, ni estaré de mal humor o guardaré rencor a los que me perjudican. No me regocijaré en la injusticia, sino que me alegraré siempre que prevalezca la verdad. Nunca perderé la esperanza ni la fe. Siempre mantendré el optimismo y soportaré toda circunstancia. Volveré mi otra mejilla, regalaré mi capa, permitiré las injusticias contra mi persona, caminaré la milla extra, daré cuando se me pida, amaré a mis enemigos, bendeciré a aquellos que me maldigan, haré bien a aquellos que me odian, y oraré por los que maliciosamente me utilizan y me acosan. En la medida de lo posible, estaré en paz con todo el mundo. No haré nada por vanidad, sino que estimaré a otros más que a mí mismo. Me es posible hacer estas cosas no por mi propia fuerza, sino porque todo lo puedo en Cristo que me fortalece.

Confieso mis pecados secretos porque sé que si tengo pecado en mi corazón, Dios promete que no me oirá: «Si en mi corazón hubiera yo abrigado maldad, el Señor no me habría escuchado» (Salmo 66:18). Y yo *quiero* que me escuche. Por eso, primeramente oro por lo que más deseo: la salvación de mis seres queridos. Me aseguro de no apurarme. De no aterrarme. Descanso en la fidelidad de Dios y le doy gracias porque lo que le pida en oración, creyendo, lo recibiré.

También oro por los obreros que se ocuparán de enseñarles a otros el único camino de la salvación. Jesús nos dijo que había muchos que estaban dispuestos a recibir la salvación, pero que había pocos para ayudarlos a llegar hasta ese punto, así que deberíamos orar por más obreros (véase Mateo 9:37-38). El hecho de que estés leyendo este libro es una respuesta a mis oraciones. Por lo tanto, ora a Dios para que envíe obreros dispuestos a olvidarse de sí mismos con el fin de alcanzar a los inconversos. Espero que veas la respuesta a tus oraciones conforme ruegas por más obreros también.

Además, oro por sabiduría. Dios le dio sabiduría a Salomón cuando se la pidió, y prometió darnos sabiduría cuando se la pidamos. Por lo tanto, yo pido sabiduría porque la necesito. La necesito porque siempre estoy haciendo y diciendo tonterías, aunque eso lo digo con reserva.

Por ejemplo, no tengo vehículo propio, y cuando de vez en cuando conduzco la furgoneta de Sue, casi siempre escucho a una famosa presentadora de un programa de entrevistas. La gente llama para relatarle sus problemas personales e íntimos (delante de veinte millones de oyentes) porque necesitan soluciones. Escucho el problema y pienso para mí mismo que si yo fuera el presentador, diría: «*Caramba. Es una pena. Yo en su lugar me sentiría realmente deprimido. Gracias por su llamada*». Y colgaría. Sin embargo, esta presentadora tiene una respuesta para cada problema. Tan pronto como acaba de darla, me pongo a pensar y digo: *¡Qué sabiduría! Ella es el Salomón de nuestros días. ¿Por qué no se me ocurrió a mí? ¡Qué tonto soy!* No obstante, luego la escucho blasfemar y pienso: *Esta mujer no tiene nada de sabiduría. El principio de la sabiduría es el temor del Señor.*

Hay una sabiduría que es de este mundo y hay una sabiduría que es de Dios; lo importante es que nos demos cuenta de que lo más tonto de los cristianos es mil veces más sabio que lo más sabio del mundo. ¿Por qué? En base a nuestro temor de Dios, nosotros buscamos primeramente el reino de Dios y su justicia, buscamos tesoros en el cielo y no en la tierra, y amamos a Jesucristo. El mundo no considera sabias nuestras prioridades, pero todo eso cambiará el día del juicio.

Por lo tanto, ora para recibir sabiduría. Una de las cosas más sabias que podemos hacer es alcanzar a los inconversos: «El que gana almas es sabio» (Proverbios 11:30, RVR-1960).

DISCIPLINA

Un bombero debe tener disciplina. Su trabajo se lo exige. La disciplina supone rapidez, y la rapidez puede ser necesaria para salvar una vida humana. Sus botas están limpias y preparadas. El equipo está comprobado y listo. Su mente y cuerpo están dispuestos. Él debe permanecer alerta, y eso significa que se disciplina a sí mismo a fin de comer y dormir bien. No puede permitirse ser perezoso u obeso. ¿Alguna vez has visto a un bombero lento o gordo? Eso simplemente no ocurre. La autoindulgencia no forma parte de su vocación. Él tiene que ser capaz de moverse con agilidad y estar en la mejor forma física posible. Y eso requiere disciplina.

La esencia del cristianismo implica una disciplina mental y física. Por eso los seguidores de Jesús son llamados «discípulos» de Cristo. Los cristianos se autodisciplinan a cumplir cada una de sus palabras (véase Juan 8:31-32). Son disciplinados en mente y cuerpo porque necesitan moverse con rapidez. Por consiguiente, se alimentan a diario con la Palabra de Dios, sin falta. Esa es la dieta saludable para los cristianos, y es de la Palabra de donde cobran su energía.

Los cristianos también hacen ejercicio para ser más piadosos. El pecado los limita y debilita. Es su kriptonita. Ellos esperan en el Señor para que renueve su energía y levantarse con alas como las de las águilas. Deben fortalecerse en el Señor y su poder, porque llegará el tiempo en el que necesiten esa fortaleza para salvar la vida de alguien.

Existe una infinidad de actividades a las que los creyentes podrían dedicarse en lugar de buscar a Dios en oración, pero no lo hacen porque deben orar. Ellos saben que sin el poder de la oración serán ineficaces en las causas de mayor importancia, la salvación de la vida humana de los fuegos del infierno.

—Kirk Cameron

BASIL Y SU BIBLIA

Me encontraba en Florida pasando el día en la embarcación de un amigo. Conforme nos acercábamos al muelle, le lancé un cabo a un hombre al que nunca había visto y seguidamente salté del barco al atracadero. Le extendí la mano y dije: «Hola, me llamo Ray». Él me respondió diciéndome que se llamaba Basil. Le entregué un folleto evangelístico con el formato de un billete de un millón de dólares y le indiqué: «Es un folleto evangelístico». Unos momentos después le comenté: «Oye, Basil. Tengo que hacerte una pregunta. ¿Qué crees que ocurre cuando una persona muere?». No había vivido la vida cristiana antes que él para ganarme el derecho a testificarle. Simplemente imité a Jesús. Él no tardó mucho en hablarle a la mujer en el pozo (véase Juan 4). Yo también le salí pronto al paso, y utilicé palabras porque era necesario.

Después de repasar los Diez Mandamientos con Basil, le hablé del evangelio. Él no era creyente, pero estaba dispuesto a escuchar acerca de la salvación. Por eso le pregunté: «¿Lees la Biblia?». Él contestó: «No, pero sí oro cada día». Le dije: «Basil, la oración no es más que *tú* hablándole a Dios. La Biblia es *Dios* hablándote a ti. Tienes que ser lento para hablar y presto para escuchar. Para de hablar y escucha lo que Dios quiere que hagas, porque tu eternidad depende de eso».

¿Sabías que el contenido de tus oraciones revela algo acerca de ti? ¿Cuáles son tus motivos de oración? ¿Se trata de una oración egoísta o abnegada? ¿Estás pidiéndole a Dios que te bendiga o reflejan tus oraciones que estás buscando primeramente el reino de Dios y su justicia?

Hay muchos que hacen oraciones egoístas. Ellos desean con desesperación ver un avivamiento, de modo que oran. Eso es maravilloso. Qué Dios los bendiga. Sin embargo, es importante recordar que Jesús no dijo: «Vayan por todo el mundo y oren» o «Vayan por todo el mundo y firmen peticiones». Él indicó: «Vayan por todo el mundo y prediquen el evangelio a toda criatura». La razón es que Dios ha elegido la locura de la predicación para salvar a aquellos que creen. La oración sin la obediencia hacia la Gran Comisión equivale a palabras sin obras. Es equivalente a acercarse a Dios con nuestros labios, pero teniendo un corazón indeciso para hacer su voluntad. Nuestros labios deberían expresar el sentir de nuestro corazón. Deberíamos orar: «Aquí estoy, Señor, envíame a mí».

El fallecido pastor y autor A. W. Tozer nos advirtió:

> ¿Te has dado cuenta de la cantidad de oración que se le ha dedicado últimamente a los avivamientos y en qué poco avivamiento ha resultado? Teniendo en cuenta el volumen de oración que se eleva hoy en día, deberíamos tener ríos de avivamiento como bendición por todo el mundo. Que no exista evidencia de esos resultados no debe desanimarnos. Lo que sí ha de hacer es motivarnos a averiguar por qué esas oraciones no son contestadas […] Creo que nuestro problema radica en que hemos estado intentando sustituir la oración por la obediencia, y eso simplemente no va a dar resultado […] La oración nunca es un sustituto aceptable de la obediencia. El Señor soberano no acepta ofrenda alguna de sus criaturas que no vaya acompañada de obediencia. Orar por un avivamiento mientras se ignora o en efecto se incumple el simple precepto establecido en las Escrituras equivale a malgastar un montón de palabras en balde.

Por lo tanto, ora sin cesar y sé igual de apasionado con tu evangelismo. Busca a los perdidos sin cesar. Testifica como si se fuese a acabar el mundo. Algún día tendrás razón. Tendrás la eternidad para descansar, pero ahora es el momento de que hables.

TRABAJA CON CALMA PORQUE ES URGENTE

Me encontraba junto al mostrador en el Aeropuerto de Long Beach sin poder creer lo que estaba ocurriendo. Era sábado por la noche y tenía previsto hablar en una iglesia justo al norte de San Francisco el domingo por la mañana, pero mi vuelo había sido cancelado. Las líneas áreas hacen esto a menudo para ahorrar dinero. Al fin y al cabo, no tiene sentido mandar un avión casi vacío. Es mucho más sensato, económicamente hablando, hacer una cancelación y enviar al cliente en un vuelo posterior. La línea área me dijo que me lo habían comunicado a través de un correo electrónico, pero ninguna persona en nuestra oficina recordaba haber recibido tal mensaje. Aun así, existía la posibilidad de llegar a tiempo al servicio si salía en un vuelo temprano el domingo al amanecer. Tenía previsto hablar a las 10:00 de la mañana. La línea área me dijo que podría estar en San Francisco a las 9:18 A.M. Después tenía que hacer un recorrido por carretera de treinta minutos, así que llamé al pastor para ver si estaba dispuesto a correr ese riesgo. Él dijo que sí, de modo que cambié mi vuelo.

Tan pronto como salí del avión en San Francisco, corrí por el aeropuerto y me subí al vehículo que me esperaba. Arrojé mis maletas en la parte de atrás del vehículo y el conductor aceleró tanto como su conciencia se lo permitió. Alrededor de treinta minutos después llegábamos al aparcamiento de la iglesia, donde cinco hombres nos esperaban. Conforme caminábamos aprisa hacia la iglesia, el técnico de sonido me colgaba el micrófono en la camisa y el cinturón. Entramos por las puertas de la iglesia y pasamos por el vestíbulo, desde donde oí al pastor decir: «¡Ya está aquí! Aún no lo conozco, pero démosle la bienvenida a Ray Comfort». La puntualidad fue asombrosa.

Ese incidente me recordó tanto la urgencia de nuestra misión como el tiempo en el que vivimos. Necesitamos evangelizar a los inconversos con calma, pero es urgente. Aunque sé que

Dios es soberano y salvará al que quiera, también sé que hemos sido llamados a predicar como hombres moribundos y a trabajar como si aún fuese de día, porque llegará la hora en que la puerta de la misericordia de Dios se cerrará. Este es el tipo de urgencia que veo demostrada en el libro de los Hechos.

En una ocasión alguien me preguntó si alguna vez me siento impulsado a compartirle el evangelio a una persona. Le dije que me siento impulsado a compartirlo con *todo* el mundo. Nunca he conocido a nadie, hasta el más enojado de los objetantes o el más vehemente de los ateos, del que piense: *Te puedes ir al infierno. No me importa*. Jesús dijo: «Vayan por todo el mundo y anuncien las buenas nuevas a toda criatura». No puedo ignorar las palabras «*todo* el mundo» y «*toda* criatura». Para mí, eso significa «todo» el mundo y «toda» criatura.

DIOS PUEDE UTILIZAR TU IMPERFECCIÓN

Imagínate que un bombero empiece a subir por una escalera hacia una ventana en llamas y de repente se detenga, mire hacia arriba y grite: «Señora, me he estado haciendo un examen de conciencia mientras subía la escalera. No estoy haciendo esto con la mejor de las intenciones. Solo lo hago por egoísmo. Sí, ya sé que parece que estoy siendo valiente, pero solo quiero impresionar, ser un héroe y salir en los periódicos. Eso no está bien. Lo siento, pero voy a tener que dejar que usted y sus preciosos hijos se quemen vivos». A la mujer no le importaría en lo más mínimo por qué el bombero la rescatara con tal de que lo hiciera. He aquí el mejor motivo que puedes tener mientras rescatas a los que están perdidos:

> *Tengan compasión* de los que dudan; a otros, sálvenlos arrebatándolos del fuego. Compadézcanse de los demás, pero tengan cuidado; aborrezcan hasta la ropa que haya sido contaminada por su cuerpo (Judas 1:22-23, énfasis añadido).

Tu motivo debe ser la pura compasión, pero no examines demasiado tu conciencia entretanto las personas se están yendo al infierno. Dios es el único que tiene una compasión pura. Tú eres humano. El pecado puede entrar en tu vida y te puede perturbar. Sin embargo, nunca permitas que el hecho de que no eres Dios dificulte el trabajo que él te ha encomendado. Hazlo mientras quede tiempo. Y si no has estado siguiendo su mandamiento de alcanzar a los inconversos porque tienes miedo de la ofensa de la cruz, quizá tengas que ir a algún sitio a llorar amargamente.

5

PARA EL APLAUSO DEL CIELO

Una figura bien vestida caminaba enérgicamente por la acera, deleitándose en la emoción que sentía en su corazón. El hombre llevaba consigo los ahorros de toda una vida, y tenía grandes planes. Eran planes para su futuro y el de su querida familia. Sus familiares le habían confiado la tarea de ir a la ciudad para invertir todo lo que habían acumulado en el negocio familiar con el fin de que tuvieran el porvenir asegurado. Lo daban por hecho.

De repente, dos hombres se plantaron frente a él. Uno tenía un cuchillo y el otro levantó un trozo de madera que parecía un bate de béisbol. ¡Ladrones! Él había oído decir que esa era una zona mala, pero no esperaba tener problema a plena luz del día.

Permaneciendo paralizado por el susto, sintió que alguien se aproximaba por detrás. Al darse la vuelta, recibió un tremendo golpe en el pecho. Según se inclinaba doblado, experimentó un fuerte golpe al costado de su cabeza, y seguidamente algo que le aplastaba la cara. *¡Estos hombres lo iban a matar!* La tierra parecía elevarse y la oscuridad empezó a rodearlo.

Algún tiempo más tarde, este hombre moribundo abrió los ojos. Tanto los ladrones como su dinero habían desaparecido. Eso era de esperar. No podía moverse. Apenas podía respirar, probablemente porque tenía las costillas rotas. La sangre se le espesaba en la boca y la nariz. La cabeza le palpitaba, mientras que el mundo a su alrededor parecía dar vueltas.

Conforme yacía tumbado en la acera, el hombre empezó a pensar en su situación. Pocos se le acercaron. El caliente sol le quemaba la piel. Podía saborear la tierra mezclada con la sangre. Instintivamente susurró: «¡Agua!». ¿Se iba a morir ahí mismo?

Le pareció una eternidad hasta que oyó a alguien acercarse. Levantó la cabeza lentamente e intentó enfocar la vista. La figura que distinguía vestía ropa negra; era un sacerdote, un hombre de Dios. Conforme el sacerdote se acercaba, el hombre lo miró y exclamó con voz trémula: «¡Ayúdeme!». El sacerdote lo miró fijo, caminó a su alrededor, y luego se apresuró a marcharse en la distancia.

Otra figura se acercó e hizo lo mismo. Mirando atentamente al hombre moribundo, cruzó al otro lado de la calle y desapareció. Dejaré que Jesús termine de contar la historia:

> Pero un samaritano que iba de viaje llegó adonde estaba el hombre y, viéndolo, se compadeció de él. Se acercó, le curó las heridas con vino y aceite, y se las vendó. Luego lo montó sobre su propia cabalgadura, lo llevó a un alojamiento y lo cuidó. Al día siguiente, sacó dos monedas de plata y se las dio al dueño del alojamiento. «Cuídemelo —le dijo—, y lo que gaste usted de más, se lo pagaré cuando yo vuelva» (Lucas 10:33-35).

Me he permitido cierta licencia poética con la historia porque no sabemos los detalles. No obstante, *sí* sabemos que el hombre apaleado probablemente era judío, que los ladrones lo habían dejado medio muerto en el camino, y que un samaritano (gente que no tenía trato con los judíos) lo vio. A pesar de la enemistad entre los judíos y los samaritanos, este samaritano poseía una virtud de la que otros carecían. Él tenía *compasión*. Eso es lo que lo motivó a no pasar de largo. La compasión no se lo permitió. La compasión lo llevó a vendar al hombre, curar con aceite y vino sus heridas, y llevarlo a un mesón y decir: «Lo que gaste, yo lo pagaré».

La compasión le cuesta al rescatador. Y a ti y a mí también nos costará. La compasión no te permitirá ver a este mundo medio muerto y pasar de largo. Te dirá que el aceite y el vino del evangelio no son solo para ti. No te permitirá ser culpable del crimen de «indiferencia depravada», el crimen de dejar a alguien morir cuando puedes salvarlo. La compasión te costará tiempo, dinero, energía, reputación y dignidad.

OBLIGADO POR LA COMPASIÓN

Cuando hallé la vida eterna en abril de 1972, casi no podía creer que hubiera encontrado la respuesta a la muerte. Me puse loco de contento, y al mismo tiempo enfermo de miedo al pensar en un sitio real llamado infierno.

En 1974, empecé a predicar al aire libre en el corazón de la ciudad en la que vivía, y lo hice casi a diario durante doce años[1]. No existían honorarios, ni aplausos, ni aire acondicionado o calefacción, ni tampoco sistema de sonido. Muchas veces me desanimé. La gente se mofaba de mí casi todos los días y tuve que aguantar afrentas que no mencionaría delante de las damas. Sin embargo, yo seguía volviendo, día tras día, más de tres mil veces. La compasión me costó.

A menudo me han preguntado por qué tengo tanta pasión por alcanzar a los inconversos. Mi respuesta es que acepté a Jesús como mi Salvador. Es tan simple como eso. Antes de aceptar a Jesús, quería hacer mi propia voluntad. Después de mi salvación, deseaba hacer la voluntad de Dios. Me considero a mí mismo como un creyente bíblico *normal*. El hecho de que un creyente rinda su vida al servicio de Dios no tiene nada de especial.

Cuando nos trasladamos de Nueva Zelanda a los Estados Unidos en 1989, prediqué el evangelio durante un año en el infame Parque MacArthur en el centro de Los Ángeles. Luego empecé a llevar un equipo a Santa Mónica los viernes por la noche durante tres años y medio. Viajamos casi cien kilómetros para predicarle a este mundo medio muerto. La compasión me costó. Durante dos años y medio, entresemana, mi yerno («E.Z.») y yo les predicamos a las multitudes en los juzgados locales. Cuando uno de los jueces al que no le gustaba lo que hacíamos ordenó que dejáramos de hacerlo, empecé a llevar a un pequeño equipo para predicar los sábados en Huntington Beach durante años.

Hubiera preferido quedarme en casa con mi esposa o ver los programas deportivos en la televisión. Hubiera preferido sentarme delante de mi computadora y escribir sobre alcanzar a los inconversos. Hubiera preferido simplemente descansar y no hacer nada, pero la compasión no me dejó.

Ahora bien, cuando digo que la «compasión no me dejó» no me refiero al profundo amor que procede de mi naturaleza humana. No está en mí volver día tras día a predicar el evangelio a un mundo que no solo demuestra pasividad ante lo que estoy diciendo, sino que se siente profundamente ofendido por ello. El mundo *odia* la luz. Es el amor de Cristo lo que me obliga. Es su amor que mora en mí —que mora en cada creyente— el que me incita a hacer lo que sé que debo hacer.

¿Cuántos de nosotros nos tomaríamos la molestia de llegar hasta donde el «buen» samaritano llegó? Antes de que aceptara al Señor, me habría gustado haberme detenido a ayudar a alguien que hubiera sido apaleado y dejado por muerto en el camino. Me gustaría haberlo llevado a un hospital o llamado a una ambulancia. No obstante, dudo que hubiese llegado al punto de decir: «Envíenme la factura». Sin embargo, eso es lo que el samaritano hizo. Es más, este hombre simplemente hizo lo que la ley exigía de él: amar al prójimo como a sí mismo.

Por eso, el hecho de que tú y yo rindamos nuestras vidas a los inconversos no es gran cosa. Es lo que la ley de Dios exige de nosotros. Y al fin y al cabo, cuando repose la cabeza sobre la almohada de mi lecho de muerte, susurraré: «¿Qué más hubiera podido hacer? La compasión le costó a Dios la sangre de su Hijo, por lo que rendir mi vida era mi "culto racional". No soy más que un siervo inútil que una noche de 1972 declaró: "No se haga mi voluntad, sino la tuya"».

GALLINAS CALIENTES

Sue y yo fuimos a la tienda a comprar seis gallinas más durante un día caluroso. De modo habitual, el ayudante tenía que correr detrás de las gallinas con una red para atraparlas. No obstante, ese día no fue así, ya que el calor había hecho que las gallinas se mostraran dóciles. Simplemente se agachaban sobre el suelo y él las levantaba sin dificultad alguna.

El calor de la tribulación suele causar ese efecto en nosotros como en las gallinas. Las adversidades suelen hacernos disminuir el ritmo y obligarnos a hincar la rodilla en tierra hasta el punto en que estamos dispuestos a decir: «No se haga mi voluntad, sino la tuya». Piensa en los momentos de la vida en que las cosas van bien. Si no estamos totalmente entregados al Señor, esos son los momentos en que nos volvemos perezosos en cuanto a la oración, el tiempo de quietud, la lectura de la Palabra y en especial la tarea de alcanzar a los inconversos.

La Biblia dice que entramos al reino de Dios a través de mucha tribulación. Las pruebas de fuego nos hacen acercarnos más a Dios. Los vientos de la adversidad provocan que nos aferremos a Dios de una forma más profunda. Sin embargo, con el claro mandato de alcanzar a los inconversos, las pruebas no solo deben hacer que hinquemos la rodilla en tierra, sino también que nos acerquemos a los que están perdidos. Eso es lo que ocurrió en el libro de los Hechos.

¿Recuerdas lo que sucedió cuando la llama de la tribulación llegó a la iglesia de la mano de un vehemente Saulo de Tarso? Parece ser que la próspera iglesia se había vuelto un poco perezosa. La Biblia narra que Saulo causó grandes estragos en la iglesia, y los que fueron esparcidos viajaron a todas partes anunciándole el evangelio a un mundo moribundo (véase Hechos 8:1-4).

Si eres un discípulo de Jesús, debes ser pescador de hombres (véase Marcos 1:17), y si no lo eres, estás siguiendo a Jesús de lejos y necesitas acortar la distancia hoy mismo. Precisas experimentar tu propio Getsemaní. Eres importante durante estas horas críticas. Necesitas dejar a un lado este libro, arrodillarte y susurrar: «Señor, la idea de predicar la cruz me hace sudar gotas de sangre del temor. Si quieres, pasa de mí esta copa; pero no se haga mi voluntad, sino la tuya».

Como discípulo de Jesús, cuando tus palabras te traicionen y alguien te diga: «Eres uno de ellos», espero que se te destrabe la lengua y contestes atrevidamente: «El Señor es quien me ayuda; no temeré. ¿Qué me puede hacer un simple mortal?» (Hebreos 13:6). Y, que al igual que la Ester de antaño, tengas el valor de decir: «¡Y si perezco, que perezca!» (Ester 4:16). «¡Quién sabe si no has llegado al trono precisamente para un momento como éste!» (Ester 4:14).

6

LA CUESTIÓN DEL DESTINO ETERNO

Para los que son del mundo el infierno está a la vuelta de la esquina. Tal concepto debe provocar en nosotros un sentido de urgencia por alcanzar a los inconversos. He perdido la cuenta de los libros biográficos que he leído en los que creyentes famosos relatan la historia de su vida, pero nunca le testifican ni a una sola alma. No cabe duda que ellos hablan de Dios con elegancia y relatan historias interesantes, pero da la sensación de que nadie va a irse al infierno. Lo que están haciendo es colocando los muebles mientras toda la casa está en llamas y sus ocupantes aún duermen.

Los creyentes deben ser distintos por completo a este mundo moribundo. Tienen que sentirse apasionados con una misión. Precisan ser como ese bombero determinado a atravesar el fuego para rescatar a los seres humanos de un edificio en llamas. Si quiero expresarle a alguien que soy solo humano y tengo debilidades humanas, puedo decir: «Miren ustedes, yo me pongo los pantalones *una* pierna a la vez». Sin embargo, los bomberos se han puesto los pantalones con las *dos* piernas al mismo tiempo. Ellos viven con un sentido de urgencia distinto, listos para rescatar vidas en cualquier momento. Así es como cada creyente debe vivir. No obstante, la mayoría no lo hace.

He leído otros libros que relatan historias reales de misioneros cristianos que dedican *años* a estar con pueblos indígenas antes de incluso poder hablarles acerca de la salvación. Al parecer su mentalidad es que tenían que vivir con los inconversos, vestirse, comer y hablar como ellos, construir hospitales para ellos e intentar civilizarlos *antes* de poder hablarles sobre su salvación eterna. No obstante, ¿qué diremos del destino eterno de aquellos que murieron en sus pecados mientras que todo esto se llevaba a cabo? Si murieron en sus pecados, su suerte fue sellada para siempre en el infierno.

No es necesario decir que un misionero debe estar sensibilizado culturalmente, pero cuando alguien entiende bien el evangelismo bíblico, él o ella puede hablarle casi de inmediato a cualquier pecador en cualquier parte del mundo *porque Dios le ha dado a todas las naciones la luz de la conciencia.* Si me encuentro en un país extranjero y tengo a un intérprete del idioma, puedo preguntarle a cualquier persona lo que cree que ocurre después de la muerte. Todas las culturas poseen alguna creencia en cuanto al tema de la muerte, así que sencillamente les digo lo que la Biblia dice: que tienen que verse cara a cara con el Dios de la creación cuando mueran y que su estándar es la ley de Dios. La forma en que muestro la naturaleza del pecado es mencionando cada uno de los Diez Mandamientos. Después les hablo acerca del día del juicio, la realidad del infierno, la gloria de la cruz, de lo que la muerte, la sepultura y la resurrección de Jesús significan para ellos, así como de su necesidad de arrepentirse del pecado y tener fe solo en Jesús para su salvación del juicio eterno. Los resultados se los dejo a Dios. No tengo que dedicar dos años a aprender la cultura para ganarme el derecho a compartir el evangelio.

Cuando filmamos la cuarta temporada de nuestro programa de televisión, *The Way of the Master*, prediqué el evangelio bíblico en trece países en trece días, y la gente de cada nación escuchó y entendió los temas. He visto a la ley de Dios surtir su efecto en Francia, Hungría, Alemania, Inglaterra, India, Nueva Zelanda, Singapur, Japón y muchos otros países alrededor del mundo. La ley es completamente universal. ¿Qué cultura es la que no tiene conciencia?

LA VIDA PLENA

Si empiezas a predicar al aire libre, vivirás una vida que evoca la de los discípulos en el libro de Hechos. Permíteme hacerte un resumen de un día típico.

Me encontraba predicando apasionadamente al aire libre con mi equipo al pie del muelle de Huntington Beach, California, cuando dos camiones de bomberos se detuvieron y se estacionaron aproximadamente a quince metros enfrente de mí. Sus motores todavía estaban en marcha, pero los ocho bomberos permanecieron sentados allí mirándome fijamente. Imagino que alguien llamó a los bomberos para decirles que había un incendio. Ellos siguieron observando con atención por algunos minutos y después se dieron la vuelta y se marcharon. El incidente me recordó las palabras de John Wesley. Él dijo: «Apasiónese por Dios, y la gente vendrá a ver su pasión». Creo que tenía razón.

Algo más tarde, un joven con unos cuantos tatuajes y los pantalones todos caídos se paró delante de mí. Así que le pregunté:

—¿Dónde vas a ir cuando mueras?
—Al cielo —respondió él.
Cuando le pregunté cómo se llamaba, me contestó:
—Brian.
—¿Brian, por qué vas al cielo? —averigüé.
—Porque soy creyente.
—¿Has nacido de nuevo?
—Sí.
—¿Cuándo fue la ultima vez que leíste la Biblia?
—Anoche.
—¿Qué leíste?
—El Libro de Moisés.

El *Libro de Moisés* es un texto divulgado por La Iglesia de Jesucristo de los Santos de los Últimos Días, y hoy en día se publica como parte de *La perla de gran precio*. Los que practican el mormonismo lo consideran escritos traducidos de Moisés. No creía que eso era lo que Brian estaba dando a entender, así que le pregunté:

—¿Y que fue lo que leíste en el "Libro de Moisés"?
—Sobre la división del Mar Rojo...
—¿Qué capítulo es ese?
—Eclesiásticos.
—Brian, ¿me estás mintiendo, verdad?
—Sí, pero he visto la película *El príncipe de Egipto*.

Habría sido fácil para mí dar por sentado que Brian era creyente y estaba leyendo la Biblia en base a su confesión. Sin embargo, un interés genuino por los inconversos ha de instarnos a asegurarnos de que las personas no están bajo engaño. Una forma de hacer eso es preguntándoles si están leyendo la Biblia. Pocas personas que están pecando leen la Biblia, porque la Palabra de Dios las acusa de su pecado, y eso no es algo agradable para un pecador culpable.

Algo a lo que uno se acostumbra cuando se da testimonio al aire libre es estar rodeado de gente que bebe demasiado como para deshacerse de sus inhibiciones. Eso es lo que comúnmente se llama estar bajo la influencia «satónica». Los borrachos son susceptibles a la influencia de los demonios, y uno de los hombres que conocí ese día (que parecía haber bebido unas cuantas copas) se mostró en extremo enojado y muy expresivo. Este individuo permaneció gritándome para que me bajara de la tribuna, olvidara mi orgullo y empezara a mostrar un amor genuino a fin de ayudar a la gente de forma práctica en lugar de predicarles sobre sus pecados.

Un poco más tarde, volvió y empezó a molestar a Scotty, mi compañero de equipo. El hombre todavía estaba enojado y casi se peleó con un creyente «servicial» que se tomó la libertad de reprender al individuo (lo cual no es muy aconsejable). Los dos se pusieron literalmente cara a cara como si fueran una pareja de perros Pitbull furiosos.

Entonces fue cuando me di cuenta de que un monje budista me escuchaba, así que le pregunté si creía en Dios. Él respondió que sí, pero que su creencia estaba vinculada al «karma». Le expliqué que el «karma» de Dios consiste en que él castigará el pecado con la muerte y el infierno. A continuación enuncié los Diez Mandamientos, prediqué acerca de la cruz, y expliqué la necesidad del arrepentimiento y la fe.

Existe una preocupación legítima de que tal predicación pueda ser interpretada como si yo estuviera condenando a gente religiosa sincera (como por ejemplo un monje budista de voz tierna). Sin embargo, puedo superar ese argumento explicando la función de la «religión». La religión consiste en los esfuerzos del hombre para intentar estar a bien con Dios; algo que el hombre nunca puede lograr. Sin embargo, el evangelio lo hace por él. El evangelio son las buenas nuevas inefables para budistas, hindúes, musulmanes, judíos y gentiles.

Dios mismo hizo provisión para que toda la humanidad fuera justificada (estuviera en paz con él), y esa provisión la hizo solo a través de la fe en el Salvador (véase Juan 14:6). Las personas sencillamente necesitan arrepentirse de sus pecados y transferir la fe que tienen en sí mismas (y en sus obras) a una fe solo en Jesucristo como el único portador de nuestro pecado. Entonces Dios les perdonará sus transgresiones y les concederá vida eterna.

Otro hombre llamado Tom siguió diciéndole a Scotty que él no creía lo que estaba predicando. Afirmó que el dios en el que él creía no era un dios en lo absoluto condenador. Después de que Scotty acabara de hablar, me comentó lo que había dicho Tom para que le diera una respuesta, así que le indiqué a Tom que era culpable de quebrantar el segundo de los Diez Mandamientos. Él no sabía qué mandamiento era ese, de modo que le cité el primero: «No tendrás dioses ajenos delante de mí», y después el segundo: «No te harás imagen ni ninguna semejanza de lo que esté arriba en el cielo», a fin de mostrarlo en su contexto. Tom tenía otro «dios» en el que creía en lugar del Dios que lo creó. Había hecho un dios a su propia imagen. Su dios era un producto de su imaginación, moldeado conforme a sus deseos. Su dios no tenía preceptos morales. Tom era libre de hacer lo que quisiera moralmente sin disgustar para nada a su dios. Tom era un «idólatra», y los idólatras no heredarán el reino de Dios.

PRACTICA LO QUE PREDICAS

Quizá estás pensando que nunca podrías hacer lo que yo hago. Tú nunca podrías hablar con la gente sobre su destino eterno porque no te consideras lo suficiente inteligente. O se te traba la lengua con facilidad. Sin embargo, te olvidas de una cosa: *Dios te ayudará*. Además, una de las razones por las que puedo hacer esto es porque tengo muchísima práctica. Tú aprenderás a responder las preguntas según te las vayan haciendo. Algunas veces tendrás respuestas y otras no.

¿Qué corredor de maratón gana una carrera sin antes prepararse? Él o ella empiezan su preparación paso a paso. Haz tú lo mismo y disponte a batear. Intenta golpear la bola. Probablemente no vayas a conseguir recorrer todas las bases por primera vez, pero aprenderás a saber lo que tienes que hacer si alguien te lanza una bola efectiva. No tienes nada que perder; solo el orgullo. ¿Y no es el orgullo lo que te detiene? Además, tú perteneces al equipo ganador. Es imposible que puedas perder.

Cuando prediques al aire libre, habrá veces en las que solo te escuchará muy poca gente. En algunas ocasiones la multitud aumentará a un número entre cien o doscientas personas; otras veces, seguirán siendo uno o dos individuos. No te desanimes por eso. *Recuerda que tú no sabes quién está escuchando.* Ese individuo puede ser alguien que Dios vaya a utilizar para alcanzar a millones de personas. Charles Spurgeon habló una vez acerca de un hombre que llevó a uno de esos individuos a Cristo, y de cómo ese contacto afectó a millones de personas:

«Andrés encontró primero a su hermano Simón» (Juan 1:41). Este caso es un excelente modelo de todos los casos donde la vida espiritual es pujante. Tan pronto como un hombre ha encontrado a Cristo, él comienza a encontrar a otros. No creeré que hayas probado la miel del evangelio si te la comes toda solo tú. La verdadera gracia le pone fin a todo monopolio espiritual. Andrés primero encontró a su propio hermano, Simón, y después a otros. La relación afecta en gran manera nuestros primeros esfuerzos individuales.

Andrés, hiciste bien en empezar con Simón. Dudo que haya algunos creyentes que hagan bien al repartir folletos en las casas de otra gente y no entreguen un folleto en su propio hogar; que haya algunos ocupados en hacer obras útiles en el extranjero que estén descuidando su esfera especial de utilidad en casa. Puede que no te sientas llamado a evangelizar a la gente de una localidad específica, pero no hay duda de que has sido llamado a cuidar de tus propios subalternos, parientes y conocidos.

Deja que tu religión comience en casa. Muchos comerciantes exportan sus mejores productos; el creyente no debe seguir la misma práctica. Tu conversación debe ser la mejor en todos los lugares, pero intenta aplicar el fruto más dulce de tu vida espiritual y tu testimonio en tu propia familia. Cuando Andrés fue a buscar a su hermano, poco se imaginaba él que Simón se convertiría en una persona tan eminente. Simón Pedro valía por diez Andrés según lo que sabemos de la historia sagrada, pero aun así Andrés fue alguien determinante a la hora de llevarlo a Jesús. Es posible que no tengas demasiado talento, sin embargo, puede que seas el medio para atraer a alguien a Cristo que a su vez llegue a ser una eminencia en gracia y servicio.

¡Ah, estimado amigo, no sabes muy bien las posibilidades que posees! Tal vez simplemente le hables a un niño, y en ese niño puede existir un corazón noble dormido que conmoverá a la iglesia cristiana en años venideros. Andrés solo tiene dos talentos, pero él encuentra a Pedro. Ve y haz tú lo mismo[1].

Entonces, ¿qué estás esperando? Sé valiente y ve a encontrar a tu Pedro. ¿Cómo se hace eso de forma práctica? Ese tema lo abordaremos en el próximo capítulo.

7

DE LAS TINIEBLAS A LA LUZ

Me estaba preparando para hablar en un lujoso hotel en el Sur de California cuando avisté a un caballero bien vestido de una edad cercana a los sesenta que se encontraba leyendo el periódico. Tengo el don de la percepción. Podía ver que él odiaba a los creyentes. Lo notaba en su semblante y en la línea de su mandíbula, que parecía odiar a Dios. El hombre estaba leyendo con mucha atención, y yo sabía que en el fondo él estaba pensando en lo molesto que se pondría si algún fundamentalista religioso intentaba empujarle la religión por la fuerza. Ignoré mis temores y me puse a reflexionar en la salvación del hombre. Quizá era el esposo de alguna señora creyente y ella le había rogado a Dios durante años que trajera a alguien para testificarle. O quizá era el padre amado de un creyente. Aun cuando no lo fuese, ¿cómo no me iba a importar dónde pasaría la eternidad?

Así que me acerqué al hombre, le entregué el folleto evangelístico del millón de dólares y le dije:

—¿Ha recibido usted su millón? Le vendrá bien con los precios de la gasolina.

—Esto es interesante —dijo él sonriendo y agarrando el folleto.

—¿Qué piensa usted de la economía? —le pregunté entonces.

Durante los siguientes cinco minutos, presté oídos a todo tipo de palabrota según él departía acerca de lo mal que estaba.

Seguidamente me presenté, y luego me enteré de que su nombre era John.

—¿Es usted abogado?

Así era. Entonces dije:

—John, le quiero hacer una pregunta. ¿Qué piensa usted que ocurre cuando una persona muere?

Me quedé sorprendido (aunque eso ocurre con frecuencia) de que él no mencionara el brusco cambio de tema en nuestra conversación. Él no dijo: «Bueno, eso es un poco extraño. Yo estoy hablando de política y usted me pregunta sobre mis creencias religiosas». No ocurrió nada de eso.

Esto se debe a que esa pregunta es sumamente inofensiva. Piensa en ello: No he mencionado a Dios, Jesús, la Biblia, el pecado, la justicia, el juicio, el cielo ni el infierno. Simplemente le pregunté su opinión (su tema favorito) en cuanto a algo misterioso para los que no conocen al Señor.

John simplemente dijo:

—No sé. No creo que exista nada después de la muerte. A mi ego le gustaría pensar que existe algo. Pero no, no creo que exista nada. Una vez tuve un amigo que recibió un disparo en la guerra. Él estuvo muy cerca de la muerte y me aseguró que cuando estás muerto, estás muerto.

—¿Cómo podría saberlo? —le respondí

—Tiene usted razón —reconoció John—. Él no podría saberlo.

—¿Cree usted que es una buena persona? —inquirí.

—Bueno, soy un poco bueno y un poco malo.

—Veamos si es eso verdad. Lo pondré sobre el estrado y lo interrogaré. Lo único que quiero es que diga la verdad, toda la verdad y nada más que la verdad, y que lo ayude Dios. ¿De acuerdo?

—De acuerdo.
—¿Cuántas mentiras ha dicho en su vida?
—Cerca de un millón.
—¿Cómo se le llama a uno que dice mentiras?
—Mentiroso.

Ahora bien, durante años había hecho la pregunta: «¿Alguna vez ha mentido?», pero me daba cuenta de que eso me causaba problemas, porque cuando preguntaba cómo se le llamaba a alguien que mentía, la persona decía: «Bueno, solo fueron una o dos. Y eran "mentirillas", así que no se le puede llamar mentiroso a alguien por eso». Sin embargo, la pregunta: «¿Cuántas mentiras cree usted que ha dicho en toda su vida?» es totalmente inofensiva. No se menciona a Dios, ni alguna responsabilidad moral o personal, por lo que la gente de forma habitual se jacta sin vergüenza alguna y dice: «Muchas» o «He perdido la cuenta» o «Millones». Ese fue el caso con el abogado. Después de hacer una admisión tan evidente, la persona rara vez intenta justificar sus pecados.

—¿Ha robado usted algo en su vida, aun cuando fuese una cosa pequeña? —pregunté.
—Cuando era joven.
—¿Cómo se le llama a uno que roba cosas?
—Ladrón.
—¿Alguna vez ha usado el nombre de Dios en vano?
—Sí.
—Jesús dijo: "Cualquiera que mira a una mujer y la codicia ya ha cometido adulterio con ella en el corazón" (Mateo 5:28). ¿Alguna vez ha mirado a una mujer con codicia?
—Seguro que sí. Muchas veces.
—Entonces, John, según su propia admisión (yo no soy el que lo juzga), usted es mentiroso, ladrón, adúltero y blasfemo hasta la médula, y tan solo hemos contemplado cuatro de los Diez Mandamientos. ¿Si Dios lo fuera a juzgar basándose en

los Diez Mandamientos el día del juicio, sería usted inocente o culpable?

A estas alturas, John intentó justificarse a sí mismo diciendo:

—De todos modos, usted no está sopesando las buenas cosas que he hecho durante mi vida.
—Bien. Usted es abogado. Vamos a tramitar este caso por el derecho civil. Respóndame a esto: Si yo hubiese violado a una mujer y después la matara y dijera: "Juez, admito que soy culpable, pero usted no está sopesando las cosas equitativamente. He sido amable con muchas mujeres, y he dado mucha limosna". ¿Qué diría el juez?

John no me permitió acabar. Él entendió la cuestión. Un buen juez nunca dejaría en libertad a un criminal simplemente porque hubiera hecho algunas buenas obras. Él juzgaría según el crimen cometido, porque un buen juez debe defender la justicia.

Cuando le pregunté: «¿Se merecería usted ir al cielo o al infierno?», John dijo que no podía creer en el concepto del infierno y que en ese momento se tenía que marchar. Él sentía una convicción de pecado muy intensa, y conforme intentaba salir de aquella situación lo más rápido posible, lo acompañé por un instante diciéndole que Dios era bueno y que se aseguraría de que se hiciera justicia. Luego le agradecí a John por escucharme y nos despedimos.

¿ACASO FALLÉ?

¿Podríamos considerar que tuve éxito en ese encuentro a pesar de que el hombre ni siquiera escuchó el evangelio? La respuesta consoladora la encontramos en las Escrituras. Allí vemos a un hombre de bien que se alejó de Jesús sin escuchar el evangelio. Esto es lo que ocurrió:

Cuando Jesús estaba ya para irse, un hombre llegó corriendo y se postró delante de él.

—Maestro bueno —le preguntó—, ¿qué debo hacer para heredar la vida eterna?

—¿Por qué me llamas bueno? —respondió Jesús—.

Nadie es bueno sino sólo Dios. Ya sabes los mandamientos: "No mates, no cometas adulterio, no robes, no presentes falso testimonio, no defraudes, honra a tu padre y a tu madre."

—Maestro —dijo el hombre—, todo eso lo he cumplido desde que era joven.

Jesús lo miró con amor y añadió:

—Una sola cosa te falta: anda, vende todo lo que tienes y dáselo a los pobres, y tendrás tesoro en el cielo. Luego ven y sígueme.

Al oír esto, el hombre se desanimó y se fue triste porque tenía muchas riquezas (Marcos 10:17-22).

Jesús no cambió las condiciones de la salvación. Este hombre amaba a su dinero más que a Dios. Para salvarse tenía que deshacerse de sus riquezas. Él había violado el primero de los Diez Mandamientos, pero ese día se marchó de la presencia de Jesús consciente de ese hecho. El encuentro fue un éxito porque aunque el joven rico se marchó, entendió lo que tenía que hacer para alcanzar la salvación.

Imagínate que un hombre que piensa que está sano va a un médico y este se ocupa de mostrarle que tiene una enfermedad incurable. Supón que el hombre escucha al médico, pero se enoja tanto que sale de su oficina. ¿Qué más puede hacer el galeno? Él ha sido fiel en decirle al hombre la verdad, y su esperanza era que este individuo estuviera dispuesto a pedir más ayuda en base a su condición. No obstante, el médico tiene la conciencia tranquila. Él hizo lo correcto.

El tiempo que pasé con John el abogado mereció la pena, ya que él me escuchó y oyó que había pecado contra Dios. Mi esperanza es que Dios lo conoce personalmente. Él sabe cuántos pelos tiene en su cabeza, y es bastante capaz de hacer que alguien se acerque a John en el momento oportuno para hablarle de la salvación de la cruz. Entretanto, yo oraré por él.

FIDELIDAD

Un bombero debe ser un hombre de palabra. Si él dice que va a estar en determinado lugar, va a estar allí. Si dice que va a hacer algo, lo hará. Imagínate si llamas al número de emergencias a fin de pedir ayuda y más tarde descubres que los bomberos ni se molestan en venir. Eso es inconcebible.

El creyente también ha de ser una persona de palabra. Si él dice que hará algo, lo hará. Si asegura que llegará a tiempo, se presentará con toda puntualidad. Él nunca trivializa la mentira llamándola una «mentirilla» o una «mentira piadosa». Debe ser hallado fiel, ya que está desempeñando un trabajo para Dios, que es sumamente fiel a su palabra.

Las Escrituras nos dicen: «Confiar en gente desleal en momentos de angustia es como tener un diente cariado o una pierna quebrada» (Proverbios 25:19). Un diente cariado o una pierna quebrada no tienen mayor problema hasta que se les aplica presión. Y es cuando se presenta la presión que un creyente tiene que ser fiel. Se nos dice: «Son muchos los que proclaman su lealtad, ¿pero quién puede hallar a alguien digno de confianza? (Proverbios 20:6).

Hay pocos hombres y mujeres de palabra. Sé uno de ellos.

—Kirk Cameron

EL ALCANCE DEL CASTIGO

Entiendo a John cuando dice que es difícil creer en el concepto del infierno. La existencia del infierno es inconcebible al principio. Sin embargo, sé de una maravillosa analogía que explica por qué el pecado conlleva un castigo tan severo.

Si le miento a mi perro, no tiene mucha importancia. Si le miento a mi esposa, puede que tenga que pasar la noche durmiendo en el sofá. Si le miento a un oficial de la policía, es posible que me imponga una buena multa o me encierre en la cárcel. No obstante, si le miento bajo juramento a un juez de la

Corte Suprema, puedo tener serios problemas. Iría a la cárcel por mucho tiempo. Solo es una mentira, pero el castigo *aumenta* en conformidad con la persona a la que le estoy diciendo la mentira.

La Biblia nos dice que cuando mentimos, pecamos contra Dios (véase Salmo 51:4). Infringimos *su* ley, y eso es sumamente grave. Las Escrituras nos dicen que «el Señor aborrece a los de labios mentirosos» (Proverbios 12:22). Dios se toma la mentira tan en serio, que mató a dos individuos solo por haber dicho una mentira (véase Hechos 5:1-11). Considera el castigo por mentir: «Todos los mentirosos recibirán como herencia el lago de fuego y azufre» (Apocalipsis 21:8).

Solemos trivializar la mentira llamándola «embuste» o «mentira piadosa». Sin embargo, Dios no la llama así.

Cuando John el abogado empezó a ver su pecado como lo que en realidad era, quiso salir corriendo del tribunal. Si él hubiera oído las buenas nuevas de la misericordia de Dios, cualquier acto de arrepentimiento habría sido superficial. Para que el arrepentimiento sea genuino, es necesario que exista un pesar piadoso. Fíjate en cómo David confesó su pecado en vez de culpar a otros o justificarse a sí mismo después que Natán lo reprendiera por su asesinato y adulterio:

> Ten compasión de mí, oh Dios, conforme a tu gran amor; conforme a tu inmensa bondad, borra mis transgresiones.
>
> Lávame de toda mi maldad y límpiame de mi pecado.
>
> Yo reconozco mis transgresiones; siempre tengo presente mi pecado.

> Contra ti he pecado, sólo contra ti, y he hecho lo que es malo ante tus ojos; por eso, tu sentencia es justa, y tu juicio, irreprochable (Salmo 51:1-4).

Un correo que recibí de un hombre llamado Patrick McDonnell lo resume bien: «Creo que resulta eficaz ayudar a la gente a entender el arrepentimiento desde una perspectiva más relacional, similar al remordimiento y el compromiso que un esposo o esposa infiel tendría que mostrarle a su cónyuge si él o ella quisiera restablecer la relación. Es interesante que amar al pecado y el mundo sea como cometer adulterio contra Dios mismo según Santiago, Isaías y Jeremías. Cuando le pregunto a la gente si perdonarían a un esposo o una esposa infiel si la disculpa fuese algo así: "Sí, lo siento, intentaré no volverlo a hacer otra vez, pero todos mis amigos engañan a sus cónyuges de vez en cuando", enseguida responden: "De ninguna manera, la persona tendría que estar totalmente quebrantada por lo que hizo y comprometerse a no volver a hacerlo para siquiera considerar perdonarla". En ese momento es fácil darse cuenta de que Dios no exige nada menos para extenderle su perdón a alguien que se ha rehusado a darle el exclusivo amor que le pertenece a él».

8

ELLOS NECESITAN OÍR LA LEY MORAL

Como ya he mencionado, creo que estamos siendo testigos del cumplimiento de la profecía bíblica. En realidad estamos viviendo tiempos peligrosos. Los corazones de los hombres desfallecen por el temor a lo que se avecina en la tierra. Hay suicidas con explosivos y terroristas. Se levanta nación contra nación y reino contra reino. Los vecinos de Israel incrementan descaradamente su odio hacia el pueblo judío. La anarquía y el amor al pecado abundan por doquier. Las economías colapsan y es evidente el temor en los ojos de los líderes políticos, a pesar de que intentan demostrar valentía ante la situación. Pienso en cómo se olvidan de reconocer al Dios que les ha dado la vida, y me acuerdo de la oración del salmista: «¡Levántate, Señor! No dejes que el hombre prevalezca; ¡haz que las naciones comparezcan ante ti! Infúndeles terror, Señor; ¡que los pueblos sepan que son simples mortales!» (Salmo 9:19-20).

Con todo lo que se está hablando sobre las tinieblas y las aterradoras señales del final de los tiempos, Jesús resplandece como una luz maravillosa: «Y este evangelio del reino se predicará en todo el mundo como testimonio a todas las naciones, y entonces vendrá el fin» (Mateo 24:14). Tú y yo podemos ser partícipes del cumplimiento de la profecía bíblica. Dios nos ha encomendado la tarea (como iglesia) de ser guardianes del faro, en especial en estos últimos tiempos. Debemos guiar a un mundo que está pereciendo a la seguridad de la salvación en el cielo ofrecida por Dios. Por lo tanto, es importante que nos aseguremos de brillar a través de nuestra dedicación a la obra que Dios nos ha encomendado. Si alguna vez se nos ha necesitado, ahora es el momento.

Quizá predicar al aire libre no es demasiado práctico para ti. Tal vez eres un ama de casa y tus responsabilidades diarias no te permiten hacer la obra de Dios. O es posible que como esposo o padre utilices tu tiempo asegurándote de proveer para tu familia. Si es así, ajusta tu horario. Haz lo que puedas. Lleva contigo folletos de evangelización y busca oportunidades para compartir con denuedo el misterio del evangelio. ¿Cómo haces esto? Tengo una forma de hacerlo que te puede facilitar la tarea.

PREGUNTAS QUE LLEVAN AL EVANGELIO

He practicado durante años cuál es la mejor forma de empezar a hablar del mensaje del evangelio cuando uno está conversando con los inconversos. Por la gracia de Dios, he aprendido a introducir el tema del evangelio de una manera tal que me ayuda a desvanecer mi temor. Eso significa que puedo sacar a relucir las cosas de Dios sin aludir a temas que puedan causar contienda: palabras como «infierno», «día del juicio», «pecado», «justicia», «la Biblia», «Dios», «Jesús» y «la cruz».

Seamos sinceros en cuanto a testificar. La mayoría de nosotros preferiríamos someternos a una endodoncia. Nos amedrentamos y nos imaginamos lo peor. Cuando consideramos a la «víctima» en potencia, pensamos que en cuanto mencionemos las cosas de Dios, esa persona reaccionará como un monstruo violento. Así pues, te presento un plan para deshacerte de ese miedo: Pregúntale a la persona qué es lo que piensa que ocurre cuando alguien muere. Grábate esto en la memoria para siempre: *Esa pregunta no es ofensiva en lo absoluto*.

Piensa en cómo habrías respondido a esta pregunta antes de que te convirtieras. ¿Te hubiera ofendido? Claro que no. No es una pregunta capciosa, por lo tanto, no es posible que cause cualquier argumento explosivo. Solo estás preguntando la opinión de la persona, y la mayoría de la gente estará dispuesta a ofrecértela con una respuesta como: «No estoy seguro» o «Todo el mundo va al cielo». El tono agradable de su respuesta hará que el temor que te acechaba desparezca. Lo único que debes hacer es estar preparado con preguntas tales como: «¿Piensas mucho en ello?». A menudo oirás la repuesta: «A todas horas». Entonces estás listo para indagar: «¿Tienes miedo de morir?» y «¿Crees que irás al cielo?».

Entonces, ¿qué dices? ¿Estás dispuesto a entregarte por completo a la causa más noble de este mundo? ¿Te enlistarías sin reserva alguna a pelear la *buena* batalla de la fe? La nuestra es la más noble de las batallas. Estamos luchando por la salvación eterna de la posesión más preciosa de cada ser humano.

AMPLIANDO LA CONVERSACIÓN

Me senté junto a un hombre llamado Joe que participaba en las finanzas de una corporación nacional bien conocida. Supe que él era bastante inteligente cuando le hice una serie de preguntas solo para pasar el tiempo y él las respondió correctamente. La primera fue: «¿Cuántos presidentes no están enterrados en los Estados Unidos?». En caso de que no lo sepas, en la actualidad hay cinco: Jimmy Carter, George Bush Padre, George Bush Hijo, Bill Clinton y Barack Obama (con el tiempo la respuesta cambiará). La segunda pregunta que le hice fue la siguiente: «¿Cuál era la montaña más alta del mundo antes de que el Monte Everest fuera descubierto?». Él sabía que era el Monte Everest. Siempre ha sido la montaña más alta. El tipo era listo.

Al preguntarle a Joe lo que pensaba que ocurría cuando una persona moría, respondió que no era ateo, pero que no creía en la vida después de la muerte. El cielo y el infierno no existían.

Por consiguiente, ese era el fin de nuestra conversación, ¿cierto? ¿Qué puede uno decir si alguien no cree en el cielo o en el infierno?

En realidad, sí hay una forma de ampliar la conversación. Le pedí a Joe que se imaginara que el cielo existía, y le pregunté si se consideraba lo suficiente bueno como para ir allí. ¿Pensaba él que era una buena persona? La conversación se desarrolló de esta forma:

—Soy una persona muy buena —dijo él.
—Fijémonos en algunos de los Diez Mandamientos para ver si eso es cierto y comprobar si va a ir al cielo. ¿Cuántas mentiras ha dicho a lo largo de su vida? —continué diciendo.

Resultó que él era un mentiroso, un ladrón, un blasfemador, y había cometido adulterio en su corazón muchas veces. Le expliqué la cruz, la necesidad del arrepentimiento y la fe, agradeciéndole que me hubiera escuchado.

Al cabo de treinta minutos, este hombre inició de nuevo la conversación.

—Le quiero hacer una pregunta —me dijo—. ¿Por qué es que el cristianismo afirma que la gente de otras religiones va al infierno?
—Todas las demás religiones son lo que se llaman "religiones de justificación a través de las obras". Sus seguidores piensan que deben hacer algo para merecer la vida eterna. El musulmán ora cinco veces al día, ayuna y otras cosas por el estilo. El hindú ayuna, ora, se acuesta en una cama de clavos... lo que cambia la ecuación es la ley de Dios. Con ella, Dios nos muestra que no solo somos seres humanos desventurados que intentan navegar el curso de esta vida, sino que también somos criminales malvados delante de un Dios santo. Por consiguiente, nuestras "buenas" obras de repente dejan de

ser buenas obras, sino que en realidad constituyen un intento de soborno al Juez del Universo. La Biblia nos advierte que "el SEÑOR aborrece el camino de los malvados" (Proverbios 15:9). Él no será sobornado. Sin embargo, en el cristianismo, Dios hizo provisión para que toda la humanidad (el musulmán, el hindú, el budista, el judío y el gentil) sea salva. La oferta de vida eterna viene de la mano de un Juez misericordioso, como si fuera un regalo. Es universal. Todo aquel que quiera, puede tenerla.

Joe pensó por un momento y luego indicó:

—Yo no acepto eso. Esa exclusividad me parece injusta.

—¿Se refiere usted a que Jesús dijo que él era el único camino a Dios?

—Sí.

—¿Cree que el cristianismo es "intolerante"?

—Sí.

—Así que usted está mostrándose intolerante con el cristianismo. Está haciendo precisamente lo que acusa al cristianismo de hacer. Ser intolerante.

—No, no, en lo absoluto. Solo quería saber...

Durante alrededor de la hora siguiente, Joe me hizo muchas preguntas. Escuchó atentamente y aceptó un CD titulado «Lo que Hollywood cree» y una copia del Nuevo Testamento de *The Way of the Master*. Al final del vuelo, me dio las gracias por la conversación y me dijo que había aprendido mucho.

Por lo tanto, aunque al parecer nuestra conversación estaba terminada cuando afirmó que no creía en el cielo o el infierno, en realidad no fue así. Del mismo modo, si una persona con la que estás hablando no cree, simplemente haz que se imagine la existencia de un cielo. Será fácil si lo intentas y puede que abras una puerta al corazón de esa persona. Siempre recuerda que estás tratando con aquellos a los que la Biblia llama ciegos. Tienes que hacerles saber que existe otro mundo, y eso te dará la oportunidad de hablarle a la conciencia que Dios les ha dado.

LO QUE EL PECADO PROVOCA

Jesús dijo que él es la luz del mundo y que si le seguimos no andaremos en tinieblas, sino tendremos la luz de la vida (véase Juan 8:12). Nosotros ya no vivimos bajo las tinieblas de la ignorancia, como vive este mundo pecaminoso. Sabemos por qué ocurren cosas terribles en la faz de la tierra. Todo ocurre por algo llamado «pecado», y como iglesia necesitamos saber de qué forma expresar claramente esta verdad. Los Estados Unidos de America (y el resto del mundo) necesitan alzar la voz y decir: «¡Este es el camino!».

Entonces, ¿qué diremos? Isaías 40:6-10 nos dice lo siguiente:

> Una voz dice: «Proclama.» «¿Y qué voy a proclamar?», respondo yo. «Que todo mortal es como la hierba, y toda su gloria como la flor del campo. La hierba se seca y la flor se marchita, porque el aliento del Señor sopla sobre ellas. Sin duda, el pueblo es hierba. La hierba se seca y la flor se marchita, pero la palabra de nuestro Dios permanece para siempre.» Sión, portadora de buenas noticias, ¡súbete a una alta montaña! Jerusalén, portadora de buenas noticias, ¡alza con fuerza tu voz! Álzala, no temas; di a las ciudades de Judá: «¡Aquí está su Dios!» Miren, el Señor omnipotente llega con poder, y con su brazo gobierna. Su galardón lo acompaña; su recompensa lo precede.

Hay varias palabras que en la actualidad dominan los medios informativos seculares contemporáneos en los Estados Unidos: recesión, depresión, los precios de la gasolina y los alimentos, préstamos bancarios, inflación y deudas. Somos la única nación del mundo que tiene inscrito «En Dios confiamos» en nuestro billete de un dólar, a pesar de que ese dólar se encoge cada día más, porque ya no tiene el poder adquisitivo de antes. ¿Por qué está ocurriendo esto? Vamos a estudiar este tema a la luz de las Escrituras para que sepas qué decir cuando levantes la voz.

Dios les advirtió a los israelitas que si dejaban de confiar en él, perderían su bendición y se convertirían en deudores del extranjero. «Ellos serán tus acreedores, y tú serás su deudor. Ellos irán a la cabeza, y tú quedarás rezagado» (Deuteronomio 28:44). Les indicó que también tendrían sequías y enfermedades incurables, y que los extranjeros llenarían la tierra.

Piensa en lo que está ocurriendo en los Estados Unidos. Nuestra deuda nacional asciende a más de once trillones de dólares, una cifra que aumenta diariamente. La mayor parte de esta deuda es con las naciones extranjeras[1]. Más de un millón de estadounidenses contraerán cáncer el próximo año[2]. Tenemos terribles sequías, y al mismo tiempo grandes y continuas inundaciones. También estamos acosados por huracanes devastadores y tornados mortales. Estas cosas no son una evidencia de la bendición de Dios. Entonces, ¿por qué nos ocurren a nosotros? ¿Acaso no somos una nación moralmente buena? ¿Acaso no confiamos en Dios? Antes de que respondas a estas preguntas, he aquí algunas estadísticas que debes considerar:

- Entre 1997 y 2007, aproximadamente ciento ochenta mil personas fueron asesinadas en los Estados Unidos[3].

- Más de cincuenta millones de bebés han sido abortados desde el caso Roe vs. Wade[4].

- Entre las parejas casadas, del cuarenta y cinco al cincuenta y cinco por ciento de las mujeres y del cincuenta al sesenta por ciento de los hombres admiten haber tenido una aventura en algún momento de su relación matrimonial. Cinco millones de parejas solteras viven juntas[5].

- A los diecinueve años, el setenta y cinco por ciento de las mujeres y el ochenta por ciento de los hombres han tenido relaciones sexuales prematrimoniales[6].

- Un tercio de los nacimientos en mujeres con edades comprendidas entre los veinticinco a los veintinueve años tuvieron lugar fueran del matrimonio[7].

- Una de cada cuatro chicas adolescentes contrae una enfermedad de transmisión sexual[8].

- Los estadounidenses se gastan hasta cuatro billones de dólares al año en pornografía[9].

- Tenemos más de dos millones de personas encarceladas; el mayor número del mundo[10].

- Las encuestas revelan que el noventa y uno por ciento de todas las personas miente de forma habitual[11].

A pesar de todos estos datos, algunas personas consideran impensable la idea de que de alguna forma hayamos podido ofender a Dios. Más bien, le echamos la culpa a la economía, los políticos, los pesticidas, el calentamiento global, al enfriamiento global, El Niño, la Madre Naturaleza... a cualquier cosa menos a nosotros mismos y nuestra relación con Dios. ¿Por qué? Estudiemos esto a continuación.

9

¡LA «MULTA» HA SIDO PAGADA!

En el capítulo anterior enumeré varios de nuestros pecados nacionales que representan transgresiones contra la ley moral de Dios. La función de la ley es concienciar al individuo y las naciones del pecado (véase Romanos 3:20). Sin la ley no entendemos la verdadera esencia del pecado. Pablo indicó: «Si no fuera por la ley, no me habría dado cuenta de lo que es el pecado (Romanos 7:7).

Considera al rey David en la ocasión en que pecó con Betsabé. Él violó los Diez Mandamientos cuando codició a la mujer de su vecino, vivió una mentira, la robó, cometió adulterio, deshonró a sus padres y provocó que los enemigos de Dios blasfemaran su nombre. La naturaleza de su pecado hizo evidente que su imagen de Dios era errónea, y desde luego no puso a Dios primero en sus inclinaciones.

Mientras que el mundo diría que el rey David fue simplemente una víctima de sus propias debilidades morales, la verdad es que él era un hombre codicioso, cuya avaricia lo llevó a las profundidades del pecado. Sin embargo, parece como si David no se mostrara muy preocupado por lo que había hecho. No tenía demasiada importancia. Por lo tanto, Dios le encargó al profeta Natán que reprendiera al rey David. ¿Qué es lo que hizo Natán? ¿Se paró delante del rey atrevidamente y dijo: «Dios tiene un plan maravilloso»? ¿Por qué iba a decir eso? Tal cosa no tendría sentido. David era un criminal que había cometido crímenes *muy* serios. Había violado la ley moral y ofendido en gran manera a Dios. Así que hubiera sido ridículo presentarle una oferta de algún tipo de mejora de vida.

En cambio, Natán le contó a David una historia acerca de un hombre que había robado la oveja de otra persona. Cuando el rey se indignó contra el individuo, Natán dijo: «¡*Tú* eres ese hombre! ¿Por qué despreciaste la palabra del Señor?». David se quedó aterrorizado y exclamó: «¡He pecado contra el Señor!». Y una vez que David reconoció sus pecados, se manifestaron las buenas nuevas de la misericordia de Dios cuando Natán le dijo: «El Señor ha perdonado ya tu pecado, y no morirás» (2 Samuel 12:13).

Si alguna vez has tenido alguna experiencia hablando con los inconversos, sabrás que lo que buscan es justificar su pecado. Ellos trivializan el pecado, acusan a otros o reparten la culpa diciendo: «*Todo el mundo* miente... o roba». No obstante, fíjate en el fruto de la represión de Natán. Observa cómo David *confiesa* su pecado en su oración penitente. Cuenta las veces en que dice «yo» y «mi» en referencia a sus transgresiones personales cuando se percata de que ha ofendido a Dios:

> Ten compasión de mí, oh Dios, conforme a tu gran amor; conforme a tu inmensa bondad, borra mis transgresiones. Lávame de toda mi maldad y límpiame de mi pecado. Yo reconozco mis transgresiones; siempre tengo presente mi pecado. Contra ti he pecado, sólo contra ti, y he hecho lo que es malo ante tus ojos; por eso, tu sentencia es justa, y tu juicio, irreprochable (Salmo 51:1-4).

Cuando tú y yo revisamos los Diez Mandamientos con otra persona, la ley moral de Dios les muestra que lo han ofendido en gran manera. Y les revela que Dios es perfecto, santo, justo y bueno. Esa es la razón por la que Jesús utilizó la ley cuando hablaba con el joven rico en Marcos 10:18-19.

Sin embargo, hay algunos que piensan que los pecadores no necesitan oír la ley porque ya saben que son pecadores. Como ya hemos visto antes, ellos también consideran que no nos corresponde a nosotros señalar el pecado. Esa es la tarea del Espíritu Santo. No obstante, fíjate en cómo el apóstol Pablo se dirige a los pecadores empleando la ley:

> En fin, tú que enseñas a otros, ¿no te enseñas a ti mismo? Tú que predicas contra el robo, ¿robas? Tú que dices que no se debe cometer adulterio, ¿adulteras? Tú que aborreces a los ídolos, ¿robas de sus templos? Tú que te jactas de la ley, ¿deshonras a Dios quebrantando la ley? Así está escrito: «Por causa de ustedes se blasfema el nombre de Dios entre los gentiles» (Romanos 2:21-24).

Según las Escrituras, no es cierto que los pecadores sepan de la esencia del pecado. Considera el propio testimonio de Pablo en Romanos 7:7:

> ¿Qué concluiremos? ¿Que la ley es pecado? ¡De ninguna manera! Sin embargo, si no fuera por la ley, no me habría dado cuenta de lo que es el pecado. Por ejemplo, nunca habría sabido yo lo que es codiciar si la ley no hubiera dicho: «No codicies».

Lo único que tienes que hacer para comprobar la realidad de lo que las Escrituras están diciendo es preguntarle a alguien inconverso si piensa que es una buena persona. Ese individuo casi siempre dirá: «Soy una persona muy buena» (véase Proverbios 20:6). Esto es así porque ignora el criterio perfecto de Dios en cuanto a la justicia. Él se mide a sí mismo con su propio bajo criterio moral y resulta limpio según su propio juicio. Por eso necesita la ley. Esta es como un espejo que refleja la verdad.

Es cierto, el Espíritu Santo *sí* convence de pecado, pero si cometes el error de prescindir de la ley de Dios, no habrá convicción de pecado y le robarás al evangelio su poder. Retirarás la flecha que Dios ha provisto para el arco, dejando al evangelio sin un objetivo. Resulta absurdo que alguien pague una multa si esa persona no sabe si ha quebrantado la ley. El pecador deduce: «¿Por qué necesito un Salvador si soy una buena persona?».

Cuando Pablo repasaba cada mandamiento con sus oyentes y decía: «¿Robas?» «¿Cometes adulterio?», estaba básicamente indicando: «¡Tú eres ese hombre!», así como Natán hizo con David. Estaba personalizando el pecado a fin de que el pecador implorara (como David) misericordia. El famoso comentarista bíblico Matthew Henry dijo: «Este es el excelente uso de la Ley: convierte el alma, abre los ojos, prepara el camino del Señor»[1].

PERO CÓMO PUEDE UN DIOS DE AMOR...

Con frecuencia le escuchamos decir al mundo que un Dios de amor nunca crearía un infierno. La noción es que cuando se prescinde de la ley, el juicio no tiene sentido. Dios (no el pecador) es entonces considerado el criminal. La implicación íntegra es que si un Dios de amor creó el infierno, no sería un Dios de amor, sino un Dios malvado. El Dios de la Biblia creó el infierno, *por consiguiente*, el Dios de la Biblia representa el mal.

Sin embargo, si introducimos la ley moral, la situación cambia de forma radical. Imagínate que supieras de un juez que se hace el de la vista gorda al ver a alguien cometer un asesinato. Él no tiene deseo alguno de que se haga justicia. ¿Sería un buen juez? Es evidente que sería un juez malvado y él mismo debería ser juzgado. Un buen juez debe hacer todo lo posible para que se haga justicia.

¿Recuerdas cuántos asesinatos se cometieron en los Estados Unidos entre 1997 y 2007 según lo que dijimos en el último capítulo? Se cometieron ciento ochenta mil. No obstante, ¿sabes también que tan solo hay un cuarenta por ciento de éxito en las investigaciones de homicidios[2]? Eso significa que durante esos diez años, ochenta mil personas salieron impunes de sus asesinatos. Los hombres violaron a las mujeres, las estrangularon, las descuartizaron, vertieron ácido sobre sus cuerpos y los echaron por el desagüe. Sin cuerpo no hay convicción.

Dios es omnisciente. Él ve cada asesinato que se comete. Las Escrituras nos dicen que no hay nada que esté oculto de la presencia de Dios. Nada. Por lo tanto, si Dios es bueno, ¿debe él fingir que no ha visto nada? Si así lo hiciera, no sería bueno. Como el juez que se hacía el de la vista gorda, él también debería ser juzgado.

Sabemos de forma intuitiva que Dios es bueno. Sin embargo, la Biblia nos dice que él es tan bueno que no solo castigará a los asesinos, sino que también castigará a aquellos que *desearon* cometer asesinato, pero nunca tuvieron la oportunidad de satisfacer el deseo de su malvado corazón. Él castigará a los violadores, los ladrones, los mentirosos, los fornicarios, a aquellos que oculten sentimientos de lujuria, celos, odio, avaricia y envidia. Él traerá a la justicia cada cosa secreta, sea buena o mala.

Por lo tanto, cuando introducimos la ley, ella nos muestra que el hombre es el criminal y su Creador es el juez perfecto, santo, justo y bueno. Eso provoca que una persona inteligente diga: «¿Cómo es posible que *no* exista un infierno?». El sentido común nos lleva a la conclusión de que debe existir una retribución divina para la injusticia.

No obstante, escuchemos a nuestros predicadores populares. Ellos no están «aconsejando y enseñando con toda sabiduría a todos los seres humanos, para presentarlos a todos perfectos en él», es decir, en Cristo (Colosenses 1:28), sino que predican como si hubiera una perfecta armonía entre el cielo y la tierra. Fue Martín Lutero el que señaló: «El primer deber del predicador del evangelio es declarar la ley de Dios y mostrar la esencia del pecado». Ese es el problema de esta nación. La ley de Dios no se consulta, y cuando se prescinde de la ley, el hombre cae víctima de su propia debilidad moral. La humanidad demuestra la misma frívola actitud que tuvo David hacia su propio pecado. Los predicadores populares reproducen su propia naturaleza desde el púlpito, y hay pocos que muestren interés en los inconversos. No ven a Dios como un ser perfecto, santo, justo y bueno, porque su ley nunca ha sido utilizada para concienciar a la gente de pecado. A ellos no solo les falta interés por la salvación de la humanidad, sino que también les falta gratitud por su supuesta salvación.

HINCHADO DE ORGULLO

Contemplemos ahora lo que Jesús dijo en la Biblia acerca de este tipo de actitud[3]. En Lucas 13:18, Jesús indicó que el reino de Dios es como una semilla de mostaza que un hombre tomó y sembró en su huerto, la cual creció y se hizo un árbol grande, en cuyas ramas anidaron las aves del cielo. Luego afirmó que el reino de los cielos «es semejante a la levadura que una mujer tomó y mezcló con tres medidas de harina, hasta que todo hubo fermentado» (v. 21). En Éxodo 12:15-21, Dios le ordenó a su pueblo que solo comiera panes sin levadura. Si alguien comía algo leudado, tenía que ser «eliminado de Israel» (v. 15). Más tarde, cuando Jesús alimentó a los cuatro mil (véase Marcos 8:1-10) y los fariseos vinieron a él y comenzaron a demandar una «señal» del cielo (véase v. 11), Jesús les dijo a sus discípulos que ellos debían tener cuidado «con la levadura de los fariseos y con la de Herodes» (v. 15). En el Evangelio de Mateo podemos ver que también incluyó a los saduceos (véase Mateo 16:1). Los discípulos pensaron que Jesús estaba reprendiéndolos por olvidarse de haber traído pan consigo, pero cuando empezaron a preguntarle por qué había hablado de la levadura, él dijo:

—¿Por qué están hablando de que no tienen pan? ¿Todavía no ven ni entienden? ¿Tienen la mente embotada? ¿Es que tienen ojos, pero no ven, y oídos, pero no oyen? ¿Acaso no recuerdan? Cuando partí los cinco panes para los cinco mil, ¿cuántas canastas llenas de pedazos recogieron?
—Doce —respondieron.
—Y cuando partí los siete panes para los cuatro mil, ¿cuántas cestas llenas de pedazos recogieron?
—Siete.

Entonces concluyó:
—¿Y todavía no entienden? (Marcos 8:17-21).

¿A qué se refería Jesús con estos comentarios? ¿Y cómo podían ser las sobras de pan que quedaron después de alimentar a los cinco mil algo clave para entender lo que era la levadura de los fariseos, los saduceos y Herodes? Mateo 16:12 nos aclara mejor el significado de la levadura: «Entonces comprendieron que no les decía que se cuidaran de la levadura del pan sino de la enseñanza de los fariseos y de los saduceos». No obstante, si la levadura de los fariseos y los saduceos es meramente su «doctrina», ¿por qué agrupó Jesús a Herodes con ellos? De nuevo hay que preguntar, ¿qué tiene que ver la doctrina con el exceso de panes?

La respuesta puede estar en la función de la levadura: esta «hincha» el pan y lo hace leudarse. Con tan solo una pizca, el pan se engrandece a sí mismo más allá de toda medida. En 1 Corintios 5:6, Pablo dice: «Hacen mal en jactarse. ¿No se dan cuenta de que un poco de levadura hace fermentar toda la masa?». Cuando Pablo habló sobre la función de la levadura, lo hizo en el contexto del orgullo de una persona. En Lucas 18:9-14, Jesús relata la siguiente parábola:

> Dos hombres subieron al templo a orar; uno era fariseo, y el otro, recaudador de impuestos. El fariseo se puso a orar consigo mismo: «Oh Dios, te doy gracias porque no soy como otros hombres —ladrones, malhechores, adúlteros— ni mucho menos como ese recaudador de impuestos. Ayuno dos veces a la semana y doy la décima parte de todo lo que recibo.» En cambio, el recaudador de impuestos, que se había quedado a cierta distancia, ni siquiera se atrevía a alzar la vista al cielo, sino que se golpeaba el pecho y decía: «¡Oh Dios, ten compasión de mí, que soy pecador!» Les digo que éste, y no aquél, volvió a su casa justificado ante Dios. Pues todo el que a sí mismo se enaltece será humillado, y el que se humilla será enaltecido.

El fariseo santurrón oraba con la cabeza bien alta, hinchando el pecho y dándole gracias a Dios por no ser como los otros hombres. El orgullo fue lo que provocó que los saduceos —la elite intelectual— negaran la existencia de los ángeles y la resurrección. Y el orgullo fue lo que provocó que Herodes asesinara a Juan el Bautista en lugar de retractarse frente a sus invitados de honor (véase Mateo 14:1-12). Los orgullosos están hinchados con un sentido de su propia seguridad carnal. Son «arrogantes», algo que la Biblia nos desanima a ser (véase 1 Timoteo 6:17). El hombre orgulloso, arrogante, piensa que sus buenas obras lo salvarán. Él está «hinchado» debido a su propio razonamiento humano (véase Colosenses 2:18).

Lucas 12:1 nos ofrece todavía más aclaración en cuanto al tema de la «levadura». Jesús advirtió: «Cuídense de la levadura de los fariseos, o sea, de la hipocresía». ¿Por qué un hombre es orgulloso, arrogante y vive con hipocresía? Simplemente porque no se ha sometido a la ley de Dios. Él nunca ha sido humillado por la perfecta Ley de la Libertad.

El que escucha la palabra pero no la pone en práctica es como el que se mira el rostro en un espejo y, después de mirarse, se va y se olvida en seguida de cómo es. Pero quien se fija atentamente en la ley perfecta que da libertad, y persevera en ella, no olvidando lo que ha oído sino haciéndolo, recibirá bendición al practicarla (Santiago 1:23-25).

La iglesia contemporánea está llena de millones de individuos que nunca se han humillado bajo la ley de Dios a fin de que puedan ver su pecado. Si uno profundiza un poco, se dará cuenta de que ellos se consideran buenas personas. Sin embargo, cuando Jesús dijo: «Dichosos los pobres en espíritu, porque el reino de los cielos les pertenece» (Mateo 5:3), utilizó un término específico para la palabra «pobre». Ese término proviene del vocablo *ptochos*, que de manera literal significa «agazaparse o agacharse como un desamparado». Tal descripción personifica a un mendigo o un indigente. Se refiere a alguien que se encuentra en una miserable pobreza, dependiente por completo de otros para que lo ayuden y desprovisto de incluso las cosas necesarias para la vida. Esa es nuestra condición, moralmente hablando, ante un Dios santo. La ley pone en evidencia nuestra condición. Aun así, las multitudes viven en medio del pueblo de Dios ajenas a la naturaleza espiritual de la ley y desconocedoras del arrepentimiento bíblico, a la vez que piensan que son salvas cuando en realidad no lo son. Según un estudio realizado en el 2007 por el Grupo Barna, el veintiséis por ciento de los cristianos nacidos de nuevo coinciden en que «Jesús cometió pecados al igual que otras personas mientras vivió en la tierra», comparado con el cuarenta y un por ciento de todos los adultos. El treinta y siete por ciento de los creyentes nacidos de nuevo creen que si una persona es lo suficiente buena, él o ella pueden ganarse un lugar en el cielo[4].

¿Cómo puede alguien convertirse a Cristo cuando él o ella cree que la Biblia afirma de un modo incorrecto que Jesús no tenía pecado? ¿Cómo puede esa persona entender el sacrificio de la cruz si él o ella piensa que la misma estaba manchada por el pecado? ¿Cómo puede alguien creer que es una buena persona cuando Jesús dijo que nadie es bueno sino Dios (véase Marcos 10:18)? Como Bill Bright dijo una vez, algo está radicalmente mal.

NO TE QUEMES

El bombero no se quiere quemar, por eso lleva varias capas de ropa protectora. Debido a que su carne es sumamente vulnerable, procura de forma instintiva no exponerla al fuego, ya que eso le causaría gran dolor. El creyente debe tener cuidado de no quemarse con el pecado, en especial con el pecado sexual. Él sabe que su carne (su naturaleza pecaminosa adánica) es sumamente vulnerable. Por lo tanto, se debe colocar varias capas protectoras. Si no lo hace, con el tiempo el pecado le causará gran dolor.

Las Escrituras nos amonestan a que huyamos de la «inmoralidad sexual» (1 Corintios 6:18). Si el rey David hubiera cortado con la lujuria al nivel de la vista cuando deseó a la mujer de su vecino, se habría salvado de padecer mucho dolor. No obstante, él experimentó la realidad de la lujuria concibiendo y dando a luz al pecado; y el pecado, una vez consumado, da a luz a la muerte. El creyente sabe que si su ojo les es ocasión de caer, es mejor que se lo saque y lo eche fuera de sí en vez de ser lanzado al infierno con los dos ojos (véase Mateo 18:9).

Quizá la capa protectora más eficaz para el creyente contra el fuego de la lujuria sea un profundo agradecimiento por la cruz. El creyente contempla al Salvador en sufrimiento y ve el precio que Jesús pagó por su perdón. Y en base a ello, se crucifica a la lujuria de la carne, la lujuria de los ojos y el orgullo de la vida.

La lujuria es en realidad como un fuego. Mientras más se alimenta, más grande se hace, hasta que al final lo consume a uno. En la película *A prueba de fuego*, la lujuria casi consumió a Caleb Holt. Él llegó a destrozar su computadora con un bate de béisbol[5]. Sin embargo, no tienes por qué llegar a ese extremo. Ese representó uno de los momentos dramáticos de la película, pero no puedes ir por la vida rompiendo todo lo que te tienta a pecar. Si no puedes soportar la tentación, lo único que tienes que hacer es retirar la computadora de tu casa. O mejor todavía, cultiva el temor del Señor en tu corazón para así hacerle frente al problema al nivel más básico. La Biblia dice: «Por sobre todas las cosas cuida tu corazón, porque de él mana la vida» (Proverbios 4:23).

Recuerda que Dios lo ve todo. No hay nada que no sea manifiesto en su presencia. Así pues, hagas lo que hagas, tienes que hacerle frente a la lujuria o acabarás quemándote, tanto en esta vida como en la próxima.

—Kirk Cameron

AL BORDE DEL PRECIPICIO

Hace algunos años, un amigo mío nos pagó el viaje en avión a Israel a mi yerno y a mí. Después de visitar Jericó, nos montamos en un autobús a fin de regresar a Jerusalén a través de los pasos montañosos. Yo iba sentado en la parte delantera derecha de un gran autobús, mientras que el resto del grupo estaba sentado más bien hacia la parte trasera.

La carretera era muy estrecha, y a la derecha de la misma había un profundo valle. Conforme nos aproximábamos a una curva cerrada a la izquierda en la carretera, el conductor aminoró la marcha, se colocó a la derecha de la vía, y le dio vuelta al volante en torno a la curva. El resultado de esta maniobra fue que la parte del autobús donde yo me encontraba superó el borde de la carretera conforme girábamos lentamente. Fue entonces que cometí el error de mirar por la ventanilla y *vi con horror un precipicio de novecientos metros hasta lo más profundo del valle*. Durante unos dos segundos estuve seguro de que iba a morir. La vida había llegado a su fin. Era como aquel hombre que ve salir el humo de una pistola conforme le disparan y la bala está a menos de un metro frente a su cara. La experiencia fue tal real que me quedé sin respiración.

De repente, el conductor enderezó el volante. Entonces todo acabó y seguimos viajando alegremente por la carretera. El resto de los pasajeros reía y charlaba, totalmente ajeno a lo que yo acababa de experimentar. Sin darle crédito a lo ocurrido y a punto de llorar, le di gracias a Dios de que todavía estuviera vivo. En cuestión de segundos, pude apreciar de una nueva manera lo preciosa que era mi vida. Incluso en este momento, todavía me siento profundamente beneficiado por tan terrible experiencia. Me permitió estar eternamente agradecido por el regalo de la vida, y mi agradecimiento es solo para Dios.

La ley moral nos hace colgarnos sobre la eternidad. Para los que hemos experimentado una verdadera convicción de pecado, ello supone un horror abrumador. La realidad de nuestra depravación exige que seamos condenados para siempre. Contemplamos al resto de la humanidad y vemos que no se da cuenta de lo que está ocurriendo. La vida es un viaje de placer, y la muerte y la condenación no les pasa por la cabeza. Sin embargo, para nosotros la ley de Dios exige nuestra ejecución y despierta una conciencia que apunta con su dedo a nuestra culpa. Vamos a ser condenados, y no hay esperanza. Ninguna. La experiencia nos roba el aliento. Al igual que el salmista, decimos: «Muchos males me han rodeado; tantos son que no puedo contarlos. Me han alcanzado mis iniquidades, y ya ni puedo ver. Son más que los cabellos de mi cabeza, y mi corazón desfallece. Por favor, Señor, ¡ven a librarme! ¡Ven pronto, Señor, en mi auxilio!» (Salmo 40:12-13).

¡No obstante, entonces oímos acerca de la cruz, las gloriosas buenas nuevas de la cruz! Jesucristo sufrió y murió en nuestro lugar siendo aún pecadores. Y aprendemos que Dios ha buscado una solución para la humanidad a través del evangelio. La ley nos conduce a Cristo, donde encontramos la vida eterna. ¡Es el alivio de la misericordia de Dios! ¡La gratitud inefable que de repente llega de la nada y estalla dirigida a Dios debido a su bondad!

Sin los terrores de la ley, el creyente profeso viaja por el camino de la vida sin apreciar lo que se le ha dado en el evangelio. Por esa razón muchos dentro de la iglesia pueden permitirse permanecer sentados de forma pasiva en los bancos. Ellos nunca han experimentado la ira de la ley, y por lo tanto no están lo suficiente agradecidos para considerar hacer la voluntad del Dios que profesan amar.

Una vez, nuestro agente europeo, Jim McCaster, me envió un correo electrónico que había recibido tras haberle enviado a un hombre una copia del libro *El secreto mejor guardado del infierno*. Jim relataba que hacía veintiséis años, cuando era un joven de dieciocho años de edad, este hombre «hizo una oración», y desde entonces siempre había dado por sentado que era creyente a pesar de vivir una vida de pecado habitual. Después de varios correos electrónicos, Jim y el hombre mantuvieron una conversación telefónica de cuarenta minutos. Jim nunca había oído hablar a alguien con tanta angustia. Él oró con este individuo y lo dejó con el Señor. Dos días más tarde, Jim recibió otro correo electrónico del hombre.

A continuación se incluyen citas de los correos que esta persona le envió a Jim (utilizadas con permiso). Fíjate en la gratitud que existe cuando la misericordia reemplaza a la ira:

> El cambio que estoy experimentando en estos días pasados es muy evidente y precioso. Me siento susceptible hacia el pecado, y espero que siga sintiéndome así por el resto de mi vida. Ahora leo la Palabra mucho más, y mis oraciones parecen tener mucho más significado que antes. Me sentí asombrado por completo de que Dios se acercara a mí y me convenciera de mi pecado. Por primera vez en mi vida supe que a pesar de que era un creyente «cristiano» auténtico, con buenas intenciones, había sido un converso falso por veintiséis años. Durante más de cuatro días experimenté una enorme convicción de mis pecados. Me sentí aterrorizado porque la realidad de mi estado pecaminoso abrumaba mi mente y mi corazón con la noción de que iba a ir al infierno. Estaba todavía más aterrado de encontrarme cara a cara con Dios siendo incapaz de hacer algo (convencerlo a la fuerza) o incluso de rogarle para que me salvara de mi pecado. Ni siquiera podía apelar a Dios, ya que ni siquiera me miraría teniendo el pecado de por medio. Eso es categóricamente un infierno. Ahora entiendo la cruz y la obra que allí consumó mi Señor por mí.

Estoy muy, muy agradecido por el amor que él siente por mí. Ahora puedo acercarme atrevidamente al trono de la gracia en el nombre de Jesús, sin una sola mancha de pecado, y hablar con Dios, y él volverá la cabeza hacia mí y me escuchará porque yo soy suyo. ¡Este correo no puede expresar mi gozo!

LA LEY ES LA VITRINA DE LA GRACIA

Tienes que predicar la Palabra, instar a tiempo y fuera de tiempo, y como Natán, «*corrige, reprende* y anima con mucha paciencia, sin dejar de enseñar» (2 Timoteo 4:2, énfasis añadido). No tenemos que tener miedo de llevar a los pecadores al borde del precipicio de la eternidad, pues sabemos de qué forma esto los va a beneficiar cuando depositen su fe en Cristo. También sabemos que sin la ley puede que ellos nunca lleguen a esa fe. En cambio, lo que experimentan es una falsa conversión y aparecen como la cizaña entre el trigo hasta que sean arrancados en el día del juicio y arrojados al infierno. Charles Spurgeon fue el que advirtió:

> Rebajar la Ley es como reducir la intensidad de la luz a través de la cual el hombre percibe su culpabilidad; y en lugar de ganancia, esto constituye una pérdida grave para el pecador, ya que disminuye las probabilidades de convicción y conversión. Yo diría que uno ha privado al evangelio de su ayudante más capacitado [su mejor arma] cuando deja a un lado la Ley. Uno ha eliminado al maestro que ha de llevar a los hombres a Cristo [...] Ellos nunca aceptarán la gracia hasta que tiemblen ante una Ley justa y santa. Por consiguiente, la Ley sirve un propósito absolutamente necesario, y no debe retirarse de su lugar[6].

A. N. Martin señaló: «En el momento que la Ley de Dios deja de ser el factor más convincente para influenciar la sensibilidad moral de cualquier individuo o nación, existirá una indiferencia ante la ira Divina, y cuando llega esta indiferencia, la misma viene acompañada por la indiferencia a la salvación». Elimina la ley y la gente rechazará cualquier noción de que Dios está enojado con los pecadores. Esa es la razón por la que muchos se sienten ofendidos con el concepto de un Dios que creara el infierno. *Y esa es la razón por la que no aceptan el evangelio como hombres perdidos.* Ellos no ven el peligro en el que están. Este es un punto sumamente importante. Si no lo he dejado bien claro, te ruego que retrocedas unas páginas y vuelvas a leer. Hay millones de personas que ocupan los asientos de la iglesia contemporánea pensando que son salvas cuando en realidad no lo son. Esto es una gran tragedia, y sin embargo, el remedio es muy simple: vuelve al evangelismo bíblico. Haz lo que Jesús hizo.

Si conoces la Biblia, sabrás que sin la ley Israel se perdió en la idolatría, más tarde en el pecado sexual, y después vino el juicio. La historia nos muestra que ellos abandonaban la ley constantemente, crearon un dios a su propia imagen, y su ídolo mudo no les comunicó que la fornicación era algo pecaminoso. Esto fue lo que ocurrió cuando Moisés estaba en lo alto de la montaña recibiendo los Diez Mandamientos de Dios. Israel creó un ídolo, un becerro de oro, y seguidamente la gente se despojó de su ropa. Ahí es donde llegó el juicio.

Eso es exactamente lo que ha ocurrido en los Estados Unidos de América. La ley ha sido abolida en los lugares públicos y abandonada en el púlpito. Por eso, la nación no conoce la santidad de Dios. La gente se inclina ante un ídolo sin preceptos morales y ha acabado por desnudarse.

ANUNCIA LAS NUEVAS DEL ANTIGUO MENSAJE

Está claro que las Escrituras estiman que un converso auténtico es aquel que oye y «entiende» (véase Mateo 13:23). Es quizá por eso que Felipe el evangelista le preguntó al eunuco etiope si *entendía* lo que estaba leyendo (véase Hechos 8:30).

Parecería obvio que este entendimiento no solo es una referencia al pecado, sino también al evangelio. Esa es quizá la razón por la que el enemigo es capaz de arrebatar la buena semilla del oyente que pasa por el camino, como lo relata la parábola del sembrador. Tal cosa es posible porque él no *entiende* que se trata del mensaje de vida eterna, y por lo tanto no lo valora como debe.

> Cuando alguien oye la palabra acerca del reino y no la entiende, viene el maligno y arrebata lo que se sembró en su corazón. Ésta es la semilla sembrada junto al camino (Mateo 13:19).

Mi más profundo deseo es que los pecadores *entiendan* el evangelio y sean salvos. Hace poco, descubrí algo emocionante que ha ayudado a muchas de las personas a las que les he testificado a *entender*. Si bien quiero hablarte de ello, lo hago con algo de vacilación, no sea que pienses que confío más en mis propias habilidades que en el Espíritu de Dios.

Creo que cualquier cosa que predique es una letra muerta salvo que Dios la vivifique. Mis palabras, métodos, anécdotas, parábolas y frases no pueden salvar ni a un alma. Solo Dios salva al pecador, desde la siembra hasta la cosecha. No obstante, también creo que como predicador del evangelio, mi labor es la de esforzarme (con la ayuda de Dios) para lograr el entendimiento. Por eso utilizo «gran sencillez de palabra». No utilizo «palabras seductoras de la sabiduría humana», sino que mantengo el mensaje simple con la esperanza de que el pecador comprenda lo que estoy intentando decir.

Así que mi presentación del evangelio puede que comience con una parábola acerca de un hombre robando la oveja de otro (como hizo Natán con David), o citando a los poetas atenienses, como hizo Pablo cuando predicó en Atenas. Puedo utilizar metáforas, símiles, estadísticas, citas, parábolas, experiencias personales y, por supuesto, puedo presentar la ley de Dios, el evangelio y la necesidad del arrepentimiento y la fe.

Puedo equiparar el arrepentimiento a un criminal convertido en un ciudadano que vive conforme a la ley y muestra su sinceridad devolviendo los artículos robados. Quizá explique la fe salvadora diferenciándola de una creencia intelectual y comparándola a la *confianza* en un piloto o un paracaídas. Hablo de la cruz declarando que es un como un juez civil que paga la multa del criminal, satisfaciendo así la ley y al mismo tiempo extendiendo misericordia. Todos estos ejemplos tienen como finalidad (con la ayuda de Dios) proveerle *entendimiento* al pecador. Si el pecador no entiende el evangelio, él o ella no lo valorarán ni buscarán al Salvador.

Vayamos ahora al punto en cuestión. Quiero explicarte por qué pienso que he visto a más pecadores entregarse a Cristo (según mi testimonio personal) en los últimos seis meses que en los últimos treinta y cinco años.

Cuando uno incorpora la ley en la presentación del evangelio, ocurren varias cosas. En primer lugar, le muestra a los pecadores que son criminales y Dios es el juez. La ley (en la mano del Espíritu Santo) les cierra la boca y los pronuncia culpables ante Dios (véase Romanos 3:19-20). También revela que lo único que merecen es ser juzgados por sus crímenes. Al igual que un fiel demandante, la ley de Dios apunta con su dedo acusador para que la conciencia conmovida del pecador atestigüe y a su vez señale con su dedo al criminal (véase Romanos 2:15). El veredicto es «culpable», y la condenación es justa. Este es el marco hipotético que intento describir para los pecadores. Hago todo lo posible por situarlos en la sala del tribunal en el día del juicio, con la esperanza de que entiendan la misericordia que Dios les ofrece en Cristo.

Durante los años en que hice esto, solía decir: «Usted ha quebrantado la ley de Dios, y Jesús ha pagado su multa con la sangre de su vida». Sin embargo, a principios del año 2008 añadí algunas palabras: «Esta fue una transacción *legal*. Usted quebrantó la ley de Dios (los Diez Mandamientos), y Jesús ha pagado su multa. Eso significa que Dios puede *legalmente* sobreseer su caso. Usted puede abandonar la sala del tribunal en el día del juicio porque otro pagó su multa. *¿Tiene eso sentido?*» Desde la primera ocasión en que pronuncié esas palabras, me di cuenta una y otra vez de que mis oyentes comprenden lo que les estoy hablando.

Si bien esas palabras no son en realidad mágicas o una fórmula, mucha gente de repente entendió lo que estaba diciendo cuando expliqué el evangelio de esa forma. No puedo citar un versículo bíblico donde se utilice este mismo lenguaje, pero sí puedo decir que la *legalidad* es la esencia de la cruz. Fue el amor de Dios por la justicia *y* los pecadores culpables lo que le llevó al Calvario. Dios es la «morada de justicia» (Jeremías 50:7). Nosotros somos criminales culpables. La multa ha sido pagada y por eso nosotros podemos abandonar la sala del tribunal.

Si explicamos el mensaje del evangelio utilizando un lenguaje legal cuando hablamos con aquellos cuyo entendimiento está «entenebrecido», algunas veces podemos aclarar lo que las personas perciben como una mera historia antigua e irrelevante.

10

LAS ARENAS MOVEDIZAS DE LA RELATIVIDAD MORAL

He escrito extensamente sobre cómo la gente no entiende la esencia del pecado y por qué su afirmación de «bondad» no vale para nada frente a Dios. Lo fundamental de esta falta de entendimiento es que ellos viven en un mundo de relatividad moral. Parece como si toda una generación hubiera perdido la noción de la diferencia entre el bien y el mal[1].

Si bien se puede sostener que esta es la forma de pensar desde que el pecado entró al mundo, esa forma de pensar solo puede aparecer cuando existe un vacío moral, y ese vacío moral es el abandono de la ley de Dios. Cuando la ley de Dios se observa por completo, la relatividad moral está ausente. La moralidad se hace absoluta. Sin embargo, cuando la ley se abandona, tanto en los pulpitos como en la sociedad secular, es natural que cada hombre siga su propia ley, ya que no cuenta con ninguna otra guía. La persona hace lo que le parece bien y vive según sus propios criterios en lugar de los criterios de Dios.

Esa es la razón por la que tenemos una generación que dice: «Lo que está bien para usted está bien para usted, y lo que está bien para mí está bien para mí». Los estudios indican que el setenta y cinco por ciento de los profesores de las universidades estadounidenses enseñan en la actualidad que no existe tal cosa como el bien y el mal[2]. Más bien consideran las preguntas sobre el bien y el mal relativas a «valores individuales y a la diversidad cultural». La vida se convierte en algo parecido a una pintura abstracta, pintada por un pintor que lo hizo sin propósito. Naturalmente, esto no tiene sentido alguno para el creyente, pero sí lo tiene para un mundo espiritualmente ciego. Ellos lo ven como la tolerancia en acción. Es una coexistencia del «vive y deja vivir».

No obstante, esto es más complejo de lo que parece. El relativista moral normalmente elige no tener límites, porque eso le permite ejercer lo que en su opinión es una libertad moral. Él es como un hombre que salta de un precipicio creyendo que puede volar hasta que se da cuenta de que existe una ley absoluta que olvidó incluir en la ecuación: la gravedad. Más tarde o más temprano es lo que nos hace a todos volver a la tierra.

El pecador salta al pecado con un abandono temerario y experimenta el júbilo de los placeres de su gozo pasajero. Sin embargo, con el tiempo se da cuenta de que existe una ley absoluta que lo hará caer a la tierra y lo condenará por toda la eternidad.

¿DISPARARÍAS?

Probemos los límites de la filosofía del relativismo moral. Estamos en el año 1938. Posees un arma telescópica de alta potencia. Tienes a Adolfo Hitler en la mira y solo dispones de un disparo. Ten en cuenta el futuro de la Alemania Nazi. ¿Quieres eliminarlo?

A menudo hago esta pregunta cuando estoy testificando. Si la persona dice que no dispararía, indico: «Con tan solo apretar el gatillo, usted salvaría las vidas de seis millones de judíos inocentes. Se trata de madres y padres y sus queridos hijos. Apretando el gatillo los salvará. En realidad, se calcula que el número total de pérdidas humanas causado por la Segunda Guerra Mundial ascendió aproximadamente a setenta y dos millones de personas, convirtiéndola así en la guerra más mortífera y destructiva en la historia de la humanidad. Usted podría detener esa pérdida masiva y trágica de preciosas vidas humanas. El número de víctimas civiles rondaba los cuarenta y siete millones, incluyendo veinte millones de muertes producidas por la hambruna y las enfermedades durante la guerra. El número de víctimas militares fue de cerca de veinticinco millones, incluyendo las muertes de cuatro millones de prisioneros de guerra en cautividad. Los Aliados perdieron aproximadamente sesenta y un millones de personas, y los poderes del Eje perdieron once millones. Usted podría haber salvado a todos con tan solo apretar el gatillo con el dedo».

¿Y tú que opinas? ¿Eliminarías a Hitler? Si afirmas que no lo harías, ¿qué dirías si se hubiera declarado la guerra y te alistaras como militar? ¿Cumplirías con tu deber como soldado y apretarías el gatillo? Si no cumples con tu responsabilidad militar, serías tenido en alta estima por la Alemania Nazi y te entregarían una medalla por no disparar contra der Führer. Imagínate que un soldado alemán tuviera a Winston Churchill en su mira en 1942, pero por alguna razón él no disparara. A nosotros nos gustaría darle palmadas en la espalda y condecorarlo con una medalla por apoyar nuestra causa. Si no disparas eres un héroe nazi.

Según contemplas estos diferentes marcos hipotéticos y te preguntas qué es lo moralmente correcto, piensa en los niños judíos. Observa sus ojos llenos de temor conforme se desnudan junto a sus padres y entran en las mortíferas cámaras de gas. Piensa en los médicos que extraen el oro de los dientes de los judíos muertos, justo antes de echar sus cuerpos a los hornos. Piensa en los obreros que fabricarán pantallas de lámparas con la carne de los inocentes asesinados.

¿Eres un pacifista? Si un hombre fuera a violar o matar a su madre y tuvieras una pistola en la mano, ¿la protegerías? ¿O dejarías que Dios tomara esa decisión esperando un milagro? ¿Y qué de tus hijos? La Biblia dice: «El que no provee para los suyos, y sobre todo para los de su propia casa, ha negado la fe y es peor que un incrédulo» (1 Timoteo 5:8). ¿Incluye eso la protección? Yo no dudaría en apretar el gatillo; empezaría por el pie e iría subiendo por el resto del cuerpo.

Sin embargo, digamos que sigues debatiéndote con el tema de Hitler, y entonces llega un momento en el que decides que sí apretarías el gatillo para poder salvar millones de vidas humanas. Llegas a la conclusión de que incluso si Dios te condena por quitarle la vida a Hitler, al menos has optado por tomar una decisión ética y descuidar tu destino porque estás pensando en el destino de otros. Veamos hasta dónde la decisión ética nos conduce.

TOMANDO LA DECISIÓN ÉTICA

Trasladémonos cuarenta años atrás. Tienes a la *madre* de Hitler en la mira. Ella está embarazada de Adolfo. Tú solo dispones de un disparo. ¿Vas a eliminarla con solo apretar el gatillo? ¿Darás el pequeño apretón? Salvarías a más de setenta millones de seres humanos.

La mayoría de la gente diría que no lo haría. Cuando les pregunto si su respuesta tiene algo que ver con Dios, ellos normalmente dicen que sí. ¿Qué harías tú? Si dices que optarías por tomar la decisión ética y pensarías en el destino de todos esos millones de seres antes de pensar en ti mismo, quiero hacerte otra pregunta.

Estamos en el año 1977. Tienes a Jeffrey Dahmer en la mira. Dahmer asesinó a diecisiete hombres y niños entre 1978 y 1991, la mayoría de los cuales era de descendencia africana o asiática. La mayoría de los asesinatos ocurrió entre 1987 y 1991. Sus asesinatos fueron horribles en extremo, incluyendo violaciones, torturas, desmembramientos, necrofilia y canibalismo. Este hombre asesinó y comió seres humanos. *Él era más malvado que Hitler.* ¿Lo eliminarías? Piensa en el terrible sufrimiento que evitarías. Piensa en las víctimas. Piensa en el horror que los padres, madres, hermanos y hermanas de esas pobres victimas tendrán que experimentar si no aprietas el gatillo. Ahora bien, si dices que lo matarías, te quiero presentar otro dilema moral.

Recuerda que durante el período de diez años desde 1997 al 2007, aproximadamente ciento ochenta mil personas fueron asesinadas en los Estados Unidos. Si tuvieras a cada uno de esos asesinos en potencia en tu mira antes de que cometieran su crimen, ¿apretarías el gatillo? ¿Y qué dirías de los violadores viciosos? Así que la pregunta es: «¿En qué momento dejarías de apretar el gatillo?».

La buena noticia es que la gran mayoría de nosotros nunca tendrá que afrontar dilemas tan desconcertantes. Sin embargo, el hecho de reflexionar en ellos nos hace pensar en el estado de nuestros límites morales. El creyente debe tratar de determinar esos límites intentando averiguar con seriedad la voluntad de Dios en cada caso. Si se nos pide que desconectemos a un ser querido porque él o ella está sufriendo, o que demos permiso para acabar con la vida de un bebé porque los médicos nos dicen que nacerá sin cerebro, solo lo haremos con la aprobación o la desaprobación de Dios. Esa decisión debe tomarse en base a las Santas Escrituras, el consejo piadoso y el temor de Dios.

No obstante, el relativista moral no se molesta en consultar a Dios. Él vive basándose en lo que siente o lo que la sociedad contemporánea determina como bien o mal, ya se trate de la eutanasia, el aborto, la homosexualidad u otros temas.

Por consiguiente, ¿cómo esculpe su moralidad la sociedad secular? La explicación habitual es que moralmente hablando cualquier cosa es aceptable siempre y cuando no perjudique a otro ser humano. Para el mundo secular, el mal es horizontal en lugar de vertical. La blasfemia está bien porque no perjudica a otro ser humano. El aborto es correcto porque el feto no es un ser humano, por lo que el asesinato se comete por el bien de la madre. La fornicación está bien. La homosexualidad es admisible. Es posible incluso afirmar que el adulterio puede beneficiar a un matrimonio. La mentira e incluso el robo se justifican con facilidad. Por lo tanto, se viola la ley moral sin temor a las consecuencias. El pecador se lanza al pecado con un abandono temerario.

Es por esto que tenemos que utilizar la ley moral para conmover las conciencias de los pecadores. Es la ley la que les muestra a los pecadores que se olvidaron de incluir a Dios en sus vidas, así como que su mal es principalmente vertical. Su mismo pecado está contra Dios y su ley. Los Diez Mandamientos, como un fiel faro, les muestran a los pecadores que su visión global los encamina hacia un acantilado de piedras cortantes y peligrosas. Y les revelan que Dios ve su odio como asesinato, y que en el fondo, su lujuria abrasadora los convierte en violadores en serie. Por lo tanto, cuando los pecadores se enfrentan a lo que nosotros llamamos dilemas morales, si van a apretar el gatillo contra el mal y al mismo tiempo ser consecuentes, tendrían que volver la pistola contra ellos mismos. Ahí es donde el Calvario hace acto de presencia.

ES POSIBLE QUE LLEVE TIEMPO

Uno de los aspectos más notables de mi vida fue enseñarles a mis niños sobre este mundo. Hubo un tiempo en el que les expliqué por qué un pájaro canta, el cielo es azul, el sol existe... sin embargo, en esta era de la información, mis niños no tardaron mucho en superarme y empezar a explicarme a mí el significado de la vida. Con todo, sigue habiendo cosas que mis hijos (que ya están casados) pueden aprender de mí.

Considera, por ejemplo, cómo me libré de tener que quitar las malas hierbas del jardín por el resto de mi vida. Esto ocurrió porque una vez me arrodillé junto a Sue y arranqué lo que a mí me pareció eran malas hierbas. No obstante, lo que arranqué fueron sus preciadas plantas. Ella no me ha permitido quitar las malas hierbas del jardín durante años. Y no he cortado el césped en años tampoco. Todo porque pensé que sería buena idea cortar todo el césped empleando un método circular. No cabe duda de que era un método rápido, pero el césped quedaba tan mal que ahora tenemos un jardinero, que para mi satisfacción, nos corta el césped y arranca las malas hierbas (por una miseria). Ambos incidentes fueron desastrosos en su día, pero al mirar en retrospectiva, todo me salió a pedir de boca.

La Biblia va aun más lejos. Nos dice que sin importar los desastres que nos acontezcan, es seguro que Dios hará que todo salga bien si lo amamos y somos llamados a sus propósitos (véase Romanos 8:28). Este «bien» puede evidenciarse de inmediato, es posible que lleve años, o tal vez ni se manifieste en nuestra vida. No obstante, si cumplimos con nuestro cometido, podemos tener la certeza de que Dios cumplirá con el suyo. Él es fiel para cumplir cada promesa que ha hecho.

Permíteme contarte cómo a Dios le llevó veinte años mostrarme su mano en algo que poco a poco se convirtió en un gran desastre en mi vida.

LA BATALLA

En 1989, mi familia y yo viajamos desde Nueva Zelanda al sur de California, porque un pastor de cierta denominación me había oído enseñar acerca de «el secreto mejor guardado del infierno» y dijo: «La gente de los Estados Unidos *debe* oír esta enseñanza». En 1990, otro pastor me llevó a escuchar al evangelista de la denominación. Acto seguido, me dirigió al púlpito y justo antes de presentarme, colocó mi libro *El secreto mejor guardado del infierno* sobre el estrado. El evangelista le dio una mirada y señaló: «Ese tipo *odia* [a cierto bien conocido evangelista]». Casi no podía creer lo que acaba de oír. Yo *adoraba* a ese hombre. «¡No, eso no es cierto!», farfullé.

Me imaginaba que la única razón por la que había dicho tal cosa fuera que yo había citado estadísticas del índice de declive de las conversiones en sus campañas, alegando que no cabía duda de que él y otros famosos evangelistas deberían estar preocupados por unas cifras tan trágicas. En retrospectiva, pienso que debería haber dejado el tema en el anonimato. De repente, volvimos a nuestros asientos, estupefactos por lo que acabábamos de oír, pero pronto nos olvidamos del incidente.

Mientras que las puertas para nuestro ministerio se iban abriendo por todos los Estados Unidos, las puertas de las iglesias grandes de mi propia denominación permanecieron cerradas. Llegado a un punto, obtuvimos permiso para colocar una mesa de libros en la conferencia pastoral anual, pero una semana antes de la reunión nos comunicaron de pronto que no había espacio para nosotros.

Los estudiantes de la principal escuela bíblica de la denominación nos comentaron que el director había dicho: «Me iré a estar con el Señor antes de que Ray Comfort hable en esta escuela». No mucho después de esa confesión, alguien me envió una grabación acerca de los falsos maestros, y al minuto de haberse hecho mención de ellos, mi nombre salió a relucir. Luego oí rumores acerca de que yo era un legalista y sobre mi supuesto odio al famoso evangelista. Mi pastor fue incluso excluido porque yo asistía a su iglesia, y más tarde me enteré de que mis libros habían sido prohibidos en las librerías pertenecientes a la denominación.

Aunque muchas iglesias pequeñas me daban la bienvenida, los peces gordos habían dejado bien claro que ellos no deseaban mi presencia. Cualquier reputación de la que gozara se vino abajo. Se me conocía como al legalista: un falso maestro que odiaba a un famoso evangelista. Le envié una cesta de regalo de cien dólares al director de la escuela bíblica diciéndole que lo estimaba y apreciaba su amor por la Palabra de Dios. Y después de casi veinte años formando parte de una maravillosa denominación, consideré que lo mejor era marcharme.

EL CAMBIO

Entonces algo maravilloso ocurrió. Un pastor joven se puso en contacto conmigo y me dijo que le habían «advertido» acerca de mi ministerio. Sin embargo, se había tomado la molestia de leer con cautela *The Way of the Master* y había quedado totalmente sorprendido por la enseñanza. Dios llevó a cabo una obra tan radical en su vida que él empezó a predicar al aire libre conmigo cada semana.

A través de extrañas circunstancias, este pastor se vio considerado como el evangelista de los jóvenes y se estaba reuniendo cada semana con el pastor principal de toda la denominación de mil iglesias. Durante los siguientes meses, le comunicó poco a poco al pastor principal lo muy entusiasmado que estaba con mi ministerio. Posteriormente, organizó un almuerzo para que yo me reuniera con el director de la escuela bíblica. A pesar de que resultó un poco angustioso, cuatro de nosotros tuvimos un buen almuerzo sin contienda.

Unas semanas más tarde, el director de la escuela bíblica participaba en un programa de radio cuando una oyente llamó para preguntarle su opinión acerca de nuestro ministerio. Él dijo que acababa de almorzar conmigo y que yo era alguien genuino. La oyente indicó que le agradaba oír eso, porque Dios la había salvado a través de nuestro ministerio.

Un poco después, el pastor de jóvenes me preguntó si podía hablar en una conferencia de la principal iglesia en el sur de California. Con gran sorpresa mía, lo aprobaron con cautela, siempre y cuando hubiera otros conferenciantes «para establecer un equilibrio». Entonces, dos días antes del acontecimiento, el evangelista de jóvenes me preguntó si podía participar durante diez minutos como invitado en el programa de radio nacional de pastores principales a fin de hablar sobre la conferencia. De forma milagrosa, eso también lo aprobaron. No obstante, el día antes de que hablara por radio, él recibió un correo electrónico de un pastor que estaba sumamente angustiado porque yo no solo iba a ser uno de los conferenciantes en la iglesia principal, sino también iba a aparecer en el programa de radio. Por fortuna, el correo fue ignorado y la invitación siguió en pie.

Conforme me sentaba con el anfitrión, el pastor principal entró al estudio, y seguidamente apareció el director de la escuela bíblica. De repente, estaba saliendo en una trasmisión en vivo de «La perspectiva del pastor», y en lugar de darme diez minutos, estuve respondiendo preguntas teológicas de oyentes de todo el país por espacio de una hora.

Casi no le daba crédito a lo que estaba ocurriendo. Piensa en ello. Yo era el falso maestro que supuestamente odiaba a cierto evangelista famoso y cuyos libros habían sido prohibidos. Según cabe suponer, mi enseñanza era tan censurable que el director de la escuela bíblica había dicho que moriría antes de que se me invitara a hablar en su institución, no obstante, ahí estaba, respondiendo preguntas teológicas en un programa nacional de radio.

COMPAÑERISMO

Los bomberos se necesitan los unos a los otros. Ellos no pueden permitir que existan desavenencias entre amigos. Hay demasiado en juego. Su llamado tiene que ser un llamado superior que prevalece sobre los pequeños desacuerdos. Si dos entran a apagar un fuego, el credo es que los dos salgan del lugar. Necesitan tener unidad de propósito. Y se esfuerzan a fin de velar por la seguridad de su compañero bombero.

Como creyentes, nosotros tenemos un llamado demasiado importante para reparar en las pequeñas desavenencias. Tenemos que estar «firmes en un mismo propósito, luchando unánimes por la fe del evangelio» (Filipenses 1:27). Piensa en lo que Dios nos pide que hagamos: rescatar a los pecadores del fuego de un infierno eterno. ¿Cómo podemos permitir que algo nos distraiga de conseguir ese objetivo?

Jesús envió a sus discípulos de dos en dos. Existe una buena razón para que lo hiciera así. Uno conoce a su compañero y lo que puede soportar. Ray Comfort y yo no solo somos compañeros de ministerio y amigos, sino que también predicamos y testificamos juntos. Incluso nos hemos ayudado mutuamente a distribuir folletos.

Recuerdo un día en que me subí a un autobús en Chicago y me senté en la parte de atrás. Conforme Ray camina por el pasillo hacia mí, le pregunté: «Oye, ¿qué es eso que tienes en el bolsillo?». De inmediato todo el mundo se fijó en el fajo de folletos evangelísticos con el formato de un billete de un millón de dólares. Entonces él respondió: «Billetes de un millón de dólares. ¿Han recibido ustedes uno?».

Los pasajeros de repente extendieron sus manos e ilusionados recibieron su folleto evangelístico con el formato de un billete de un millón de dólares. Eso fue lo de menos, pero piensa en las implicaciones de que solo una de esas personas leyera el mensaje al dorso de uno de esos folletos y hallara la vida eterna.

Otras veces puede que tengas que cubrirle la espalda a tu compañero. Cuando las llamas de la maledicencia o la murmuración aparecen, aprende a apagarlas con una manta suave, pero humedecida por completo. Algunas personas tienen el don del desaliento. Guárdate de ellas. De forma habitual esas personas se acercan a uno con lo que consideran un buen consejo. Sin embargo, es posible que se trate de veneno envuelto en papel de caramelo y se infiltre en tu sistema. Esa es la razón por la que necesitas un compañero que te sea fiel cuando llega la tensión. Necesitas a alguien que no haga más que animarte.

—Kirk Cameron

Más de mil personas se presentaron para la conferencia, y solo hubo comentarios positivos. Cuán bondadoso es Dios que se hace cargo de una situación desastrosa e irremediable y la resuelve para nuestro propio bien y el avance de su reino.

PREPÁRATE

Hay bastantes posibilidades de que si intentas implementar el evangelismo bíblico en tu iglesia, también tropieces con algo de oposición. Por lo tanto, durante el resto de este capítulo deseo presentar algunas de las preguntas y objeciones que la gente ha planteado con respecto a esta enseñanza y mi respuesta a cada una de ellas. De esta forma, espero darte varias ideas sobre cómo preveer algunos de los problemas que puedas afrontar y de qué forma es posible responder.

¿Crees que este método es siempre (o de manera habitual) utilizado en la Biblia? ¿Con qué frecuencia utilizaron el Señor y sus apóstoles este método?

Las Escrituras son en extremo consecuentes con el principio de «ley a los soberbios y gracia a los humildes». Dios resiste a los soberbios siempre. He aquí algunos ejemplos:

- Marcos 10:17-19: Se le dio la ley al joven rico.

- Juan 3:1-5: La gracia le fue dada Nicodemo, el líder humilde de los judíos.

- Juan 4:1-18: Jesús aludió a la ley en su discusión

con la mujer samaritana, diciendo que ella había quebrantado el séptimo mandamiento.

- Romanos 2:21-24: Pablo citó abiertamente los Diez Mandamientos.

- Hechos 2:1-40: Pedro predicó en Pentecostés, y su mensaje fue en esencia sobre la gracia, porque le estaba predicando a judíos devotos que conocían la ley.

- Hechos 8:26-40: El eunuco fue humilde, y por lo tanto recibió gracia.

- Hechos 10:30-48: De nuevo, los oyentes fueron humildes. Por consiguiente, les fue dada la gracia.

Pablo también utilizó la ley cuando se dirigió a los líderes de los judíos en Roma en Hechos 28:23: «Señalaron un día para reunirse con Pablo, y acudieron en mayor número a la casa donde estaba alojado. Desde la mañana hasta la tarde estuvo explicándoles y testificándoles acerca del reino de Dios y tratando de convencerlos respecto a Jesús, partiendo de la ley de Moisés y de los profetas»[1].

¿Podemos encontrar alguna parte de las Escrituras donde el Señor Jesús o sus discípulos utilicen la ley con los gentiles en el evangelismo?

Es cierto que no podemos encontrar ejemplos en las Escrituras donde el Señor Jesús evangelice a los gentiles utilizando la ley. Sin embargo, él tampoco evangelizó a ningún gentil utilizando el mensaje de la gracia. Recuerda cuando respondió: «No fui enviado sino a las ovejas perdidas del pueblo de Israel» (Mateo 15:24). Su ministerio estuvo dirigido a los judíos, no a los gentiles. Si no logramos entender el principio bíblico de «ley a los soberbios y gracia a los humildes» —es decir, que

Dios *resiste* a los soberbios— nos quedaremos confundidos en cuanto a por qué Jesús utilizó la ley con algunos a los que les habló y extendió la gracia a otros (véase Marcos 10:17; Lucas 10:26; Juan 3:3-16).

En realidad, hasta que no llegamos a Hechos 10 no encontramos el evangelio comunicado a los gentiles, cuando un centurión llamado Cornelio recibe una visión del Señor y se le insta a que busque a Pedro. Cornelio y los de su casa fueron humildes de corazón, por lo que les fue dada la gracia de Dios. Sin embargo, cuando Pablo predicó a Cristo ante los soberbios, «desde la mañana hasta la tarde estuvo explicándoles y testificándoles acerca del reino de Dios y tratando de convencerlos respecto a Jesús, *partiendo de la ley de Moisés* y de los profetas» (Hechos 28:23, énfasis mío).

En Romanos 3:19, Pablo señala: «Ahora bien, sabemos que todo lo que dice la ley, lo dice a quienes están sujetos a ella, para que *todo el mundo* se calle la boca y quede convicto delante de Dios» (énfasis mío). La ley fue dada para cerrar *toda* boca y culpar a *todo el mundo* (tanto al judío como al gentil) ante la presencia de Dios.

¿Hay alguien en la Biblia que predique el evangelio diciendo que Cristo ha pagado nuestra deuda?[2]

En Juan 19:30, leemos que justo antes de que Jesús muriera en la cruz, él dijo: «Todo se ha cumplido». El vocablo empleado aquí es un término financiero, el cual da a entender que la deuda ha sido pagada por completo. En griego, la frase es una palabra, *tetelestai*. En la Grecia antigua, cuando una deuda se pagaba por completo, la palabra *tetelestai* era escrita en los textos de papiros que se utilizaban como recibo para los impuestos. Esto significaba que la deuda estaba totalmente saldada.

La ley moral exigía un pago por el pecado, y la justicia quedaba satisfecha con el pago realizado a través de la sangre derramada por Jesús en la cruz. Debido a la cruz, Dios pudo ser «justo y, a la vez, el que justifica a los que tienen fe en Jesús» (Romanos 3:26). Charles Spurgeon señaló: «Hasta que los hombres conocen la ley, sus crímenes tienen al menos el paliativo de la ignorancia parcial, pero cuando el código de las reglas se difunde ante ellos, sus ofensas se agravan, puesto que han sido cometidas contra la luz y el conocimiento. El que peca contra la conciencia será condenado; cuánto mayor castigo merecerá aquel que desprecia la voz de Jehová, desafía su sagrada soberanía, e intencionadamente pisotea sus mandamientos. Mientras más luz, mayor culpa. La ley proporciona esa luz, y por lo tanto hace que seamos ofensores por partida doble»[3].

¿Es justo cuestionar la conversión de las personas solo porque no utilizaron la ley?

No creo que la conversión de una persona deba ser cuestionada si no se le ha presentado la ley. Más bien creo que si una persona no entró por la puerta del arrepentimiento y la fe, no puede ser salva. Algunos individuos ya han sido instruidos en la ley y han reconocido que son pecadores. Ya están quebrantados y humillados. Necesitan que se les extienda la gracia. Sin embargo, los que son soberbios y no han reconocido su pecaminosidad, lo que necesitan es despertar de su pecado para descubrir de qué necesitan arrepentirse.

Como ministros del evangelio, nosotros tenemos la obligación de decirles a nuestros oyentes: «Examínense para ver si están en la fe; pruébense a sí mismos» (2 Corintios 13:5). Jesús advirtió que *muchos* clamarían: «Señor, Señor», pero no entrarían en el reino de los cielos porque eran hacedores de maldad (véase Mateo 7:21-23). Estos son los que dicen que son creyentes, pero continúan en su *maldad*; continúan quebrantando la Ley de Dios (los Diez Mandamientos). He recibido innumerables testimonios de individuos que pensaban que eran salvos, pero una vez que entendieron las exigencias de la ley moral, se dieron cuenta de que ignoraban por completo el arrepentimiento bíblico. Al igual que Pablo, ellos no habían «conocido» el pecado sin la ley, y por consiguiente no poseían las cualidades que acompañan a la salvación.

En diciembre del año 2008, unos investigadores llevaron a cabo un estudio entre treinta mil estudiantes de secundaria y encontraron que el treinta por ciento de los estudiantes admitió haber robado en una tienda durante el año pasado, lo que supone un crecimiento del dos por ciento desde el 2006. Más de un tercio de los chicos (treinta y cinco por ciento) reconoció que había robado artículos, comparado a un veintiséis por ciento de las chicas. Una mayoría abrumadora de estudiantes de escuelas públicas y escuelas religiosas privadas, el ochenta y tres por ciento, admitió mentirles a sus padres sobre algo importante, comparado con el setenta y ocho por ciento de los que asistían a escuelas independientes no religiosas. Según los investigadores: «A pesar de estos altos niveles de deshonestidad, los participantes tienen un alto concepto de sí mismos en lo referente a la moralidad. Un monumental noventa y tres por ciento dijo que estaba satisfecho con su ética y carácter personal y un setenta y siete por ciento afirmó que en lo que se refiere a hacer lo que está bien, [ellos son] mejores que la mayoría de la gente que conocen»[4].

Estas son violaciones de la ley de *Dios*: mentir, robar y deshonrar a los padres. Es importante notar que las escuelas religiosas tuvieron niveles más altos de maldad y que el fariseísmo entre los estudiantes de estas instituciones estaba muy extendido. Mientras que los expertos y los filósofos sugieren una multitud de razones para justificar lo que está ocurriendo, todo esto se puede atribuir a la falta de temor de Dios. El concepto de Dios de estos estudiantes no incluye la retribución por la transgresión de su ley. La idolatría es probablemente el pecado más difícil de detectar, pero es, sin lugar a dudas, el peor de todos por las puertas que abre.

Otras encuestas revelan que el sesenta y dos por ciento de los estadounidenses afirma que tiene una relación con Jesucristo que «considera significativa». Sin embargo, el noventa y un por ciento miente con regularidad, y un treinta y siete por ciento de creyentes nacidos de nuevo cree que si una persona es lo suficiente buena, puede ganarse un lugar en el cielo[5]. El dieciocho por ciento de todos los abortos se realiza a mujeres que se consideran a sí mismas «evangélicas/nacidas de nuevo»; casi una de cada cinco de aquellas que asesinan a sus propios hijos en el vientre profesa amar al Señor[6]. Estas estadísticas deben alarmarnos y confirmar las palabras de Jesús acerca de que la iglesia está llena de cizaña entre el trigo (véase Mateo 13:24-30).

Tengo tanta obligación de advertirles a aquellos que ocupan un lugar dentro de la iglesia, pero carecen del fruto que confirma su salvación (véase Mateo 7:18) como de advertirles a los inconversos que están fuera de la iglesia. También necesitamos hacer la pregunta de por qué las iglesias están tan llenas de tantos conversos falsos. Creo que se debe a una presentación del evangelio que contradice las Escrituras.

Si utilizar la ley con los gentiles fuera tan importante, ¿no veríamos al menos un ejemplo de esto en las epístolas?

En realidad, *sí* vemos ejemplos de esto en las epístolas. Fíjate en las palabras de Pablo en Romanos: «Tú que enseñas a otros, ¿no te enseñas a ti mismo? Tú que predicas contra el robo, ¿robas [el octavo mandamiento]? Tú que dices que no se debe cometer adulterio, ¿adulteras [el séptimo mandamiento]? Tú que aborreces a los ídolos, ¿robas de sus templos [el primer y segundo mandamientos]? Tú que te jactas de la ley, ¿deshonras a Dios quebrantando la ley? Así está escrito: "Por causa de ustedes se blasfema el nombre de Dios entre los gentiles [refiriéndose al tercer mandamiento]"» (2:21-24).

Es cierto que la ley pone de manifiesto el pecado, sin embargo, ¿no tienen ya los gentiles las obras de la ley en sus corazones y el Espíritu Santo que los convence?

En 1 Timoteo 1:8-9, Pablo declara: «Ahora bien, sabemos que la ley es buena, si se aplica como es debido. Tengamos en cuenta que la ley no se ha instituido para los justos sino para los desobedientes y rebeldes, para los impíos y pecadores, para los irreverentes y profanos». El contexto de la instrucción de Pablo a Timoteo (al que llamaba «evangelista»; véase 2 Timoteo 4:5) queda subrayado en el versículo 8. Pablo dice que la ley es buena si es utilizada legítimamente, y continúa señalando que la ley fue dada para los «impíos» y «pecadores». En los versículos 9 y 10, Pablo destaca específicamente el tipo de transgresores: asesinos (sexto mandamiento), los que participan en el pecado sexual (séptimo mandamiento) y los embusteros (noveno mandamiento). Después, en el versículo 11, vincula el contexto al evangelio que le fue encomendado.

Si la ley no fuera necesaria porque los gentiles ya tenían conocimiento del pecado, ¿por qué entonces dice Pablo: «*Si no fuera por la ley*, no me habría dado cuenta de lo que es el pecado» (Romanos 7:7, énfasis añadido)? ¿Por qué no dijo él que tenía una conciencia y que eso era todo lo que necesitaba? Más bien afirmaba que la ley era la que le hacía cobrar conciencia de pecado (véase Romanos 3:20). ¿Son los gentiles menos pecadores que Pablo? Sin la ley, Pablo no hubiera poseído tal entendimiento con relación a la naturaleza sumamente pecaminosa del pecado (véase Romanos 7:13). Tanto el judío como el gentil necesitan la Ley, y las Escrituras nos dicen que esa es la razón por la que Dios nos la dio (véase Romanos 3:19-20).

Además, ¿por qué habría Pablo *razonado* con Félix (el procurador romano de Judea, un gentil) «sobre la justicia, el dominio propio y el juicio venidero» (Hechos 24:25) si Feliz ya tenía conocimiento del pecado a través de su conciencia? ¿Por qué, cuando predicó a Cristo, habría utilizado la ley de Moisés en Hechos 28:23 si sus oyentes ya tenían conocimiento del pecado?

La próxima vez que manifiestes tu fe, simplemente pregúntale a esa persona o a las personas a las que estás testificándoles si piensan que son buenas. Te darás entonces cuenta de la verdad de Proverbios 20:6. Esos individuos casi siempre dirán que son buenos, y lo hacen porque ignoran la justicia de Dios.

Tal cosa es lo que Jesús hizo en Marcos 10:17. Él habló de la ignorancia del joven rico sobre el significado de la palabra «bueno».

Posteriormente, utilizó la ley para promover el conocimiento del pecado, a fin de mostrarle al joven rico el criterio de justicia de Dios. Eso es lo que Jesús hizo cuando evangelizaba: la ley para los soberbios y la gracia para los humildes. ¿Por qué tendríamos nosotros que hacerlo diferente cuando se nos ha dicho que lo imitemos?

¿Cuánta prominencia tiene Dios en tu mensaje y en la obra de convicción y atracción del pecador? ¿Está siendo él sustituido por un método?

El Espíritu Santo convence de pecado (el cual es una trasgresión de la ley, véase 1 Juan 3:4), justicia (la cual es *de* la ley) y juicio (el cual es *por* la ley, véase Romanos 2:12; Santiago 2:12). Sin embargo, la predicación es el método que Dios ha elegido que usemos para alcanzar a los inconversos. Si la gente se salva íntegramente por el Espíritu Santo sin la predicación, entonces, ¿por qué dice la Escritura que Dios «tuvo a bien salvar, mediante la locura de la predicación, a los que creen» (1 Corintios 1:21)? y «¿Cómo oirán si no hay quien les predique?» (Romanos 10:14). Si no colaboramos con el Espíritu Santo (mediante la predicación de la verdad bíblica), llenaremos la iglesia con conversos falsos. Nosotros ya tenemos millones en esa categoría a causa de una presentación del evangelio contraria a las Escrituras[7].

Charles Spurgeon dijo:

> Les decimos a los hombres que se arrepientan y crean, no porque dependamos de cualquier poder en ellos para que así lo hagan, pues sabemos que están muertos en sus ofensas y pecados; no porque dependamos de cualquier poder en nuestra formalidad o nuestro discurso para que así lo hagan, pues entendemos que nuestra predicación es insignificante aparte de Dios; pero debido a que el evangelio es la máquina con la cual Dios convierte los corazones de los hombres, descubrimos que si hablamos en fe, Dios el Espíritu Santo obra con nosotros, y mientras les ordenamos a los huesos secos que vivan, el Espíritu los hace vivir —mientras mandamos al lisiado que se levante, la energía misteriosa hace que los huesos de sus tobillos reciban fuerza— mientras le mandamos al impotente que extienda la mano, un poder divino surge con la orden, y la mano queda extendida y el hombre restablecido. El poder yace no en el pecador, no en el predicador, sino en el Espíritu Santo, que obra eficazmente con el evangelio por decreto divino, a fin de que donde la verdad es predicada los elegidos de Dios sean vivificados por la misma, las almas sean salvadas, y Dios sea glorificado. Adelante mis queridos hermanos, prediquen el evangelio con denuedo, y no teman el resultado, pues, por muy es-

casa que sea su fuerza, y aunque su elocuencia sea tanto como nada, con todo Dios ha prometido hacer que su evangelio sea el poder para la salvación, y así será hasta el fin de los tiempos[8].

¿Adoptar este método no expondría a la gente de la iglesia al legalismo?

El «legalismo» normalmente se define como cualquier intento de depender de nuestro propio esfuerzo ya sea para conseguir o mantener nuestra justificación ante Dios. Esto es herejía. Creo en la salvación solo por gracia, solo por fe. Predico el amor de Dios a través de la sangre de la cruz. Algunos dirán que soy una persona «dogmática» o «firme» en mis creencias, pero siempre estoy dispuesto a razonar si una persona me puede convencer en base a las Escrituras de que estoy equivocado. En realidad, he tenido esta conversación en numerosas ocasiones con muchos hombres piadosos, hombres que escudriñaron las Escrituras y llegaron a la conclusión de que lo que enseño es completamente bíblico.

UN ENFOQUE BÍBLICO

En 1952, el fallecido Bill Bright escribió un pequeño folleto llamado «Las cuatro leyes espirituales» a fin de resumir de una manera clara el mensaje cristiano con el propósito de llevar a otros a Cristo. Estas cuatro leyes espirituales son: (1) Dios te ama y ofrece un plan maravilloso para tu vida; (2) El hombre es pecaminoso y está separado de Dios, por consiguiente no puede experimentar el amor de Dios y el plan que él tiene para su vida; (3) Jesucristo es la única provisión de Dios para el pecado del hombre; y (4) Debemos recibir individualmente a Jesucristo como nuestro Salvador y Señor para que podamos conocer y experimentar el amor de Dios y el plan que él tiene para nuestra vida[9]. En la actualidad, este es probablemente el folleto religioso de mayor difusión en la historia, con aproximadamente dos y medio billones de copias impresas[10].

Lo interesante es que un año antes de que el Dr. Bright falleciera, Kirk Cameron y yo estuvimos desayunando en su casa. Durante nuestra conversación, él reconoció que había omitido unos puntos muy importantes en su presentación a los inconversos. Bill señaló: «He llegado por tanto a la conclusión de que el silencio, o hasta una negligencia benigna sobre estos temas, constituye una desobediencia de mi parte. Callar cuando se trata del destino eterno de las almas es equivalente a un centinela que fracasara en avisarles a sus compañeros de un ataque inminente»[11]. El hecho de que él estaba dispuesto a reconocer estas cosas es un testimonio más del asombroso carácter de este muy piadoso varón.

A medida que empiezas a superar tu temor y compartir tu fe, no cabe duda de que te encontrarás con gente a la que no le agradará tu enfoque o no estará de acuerdo con el método que estás usando para compartir el evangelio de Cristo. Cuenta con esta oposición y mantente dispuesto a escuchar lo que la gente tiene que decir, pero entiende que presentarle la ley a la gente a fin de que se den cuenta de que son pecadores y no callar cuando se trata del «destino eterno de las almas» es un enfoque completamente bíblico.

12

DIOS PUEDE UTILIZAR A OTRO

Me encontraba sentado en un aeropuerto cuando una señora voluminosa intentó mover mi bolso para sentarse a mi lado. Le pedí disculpas, moví mi bolso, y ella se dejó caer. Al sentarse la oí decir: «Un millón de gracias». Yo respondí: «¿Ha dicho usted "un millón de gracias"? Aquí tiene un millón de dólares». Ella estalló en risa y se pasó los próximos dos minutos hablando entusiasmada del folleto.

Le dije: «Así que le gusta el millón. Permítame mostrarle cómo me gano la vida». Entonces hice un truco con las manos y eso también le agradó. Ella era originaria del Bronx en Nueva York y tenía un fuerte acento neoyorquino. Se llamaba «Roberta», y continuaba diciendo: «Usted es un hombre muy simpático». Lo dijo tantas veces que llegué a preguntarle si era judía, porque las mamás judías suelen decir esas cosas. Sí lo era.

Continué demostrándole amor y bondad, y ella seguía afirmando que yo era un hombre muy simpático. Imaginé que no podría seguir siendo Don Simpático si le testificaba. No obstante, su salvación me importaba mucho más que mi propio ego masculino. Así que luego de treinta minutos de ser simpático, le pregunté qué pensaba que ocurría después que alguien moría. Así es como se desarrolló la conversación.

—¿Es usted un cristiano nacido de nuevo? —preguntó ella.
—Sí, pero la frase "cristiano nacido de nuevo" es superflua. Eso es como decir que soy un doctor médico facultativo. Si soy nacido de nuevo, soy cristiano. Si soy cristiano, soy nacido de nuevo.

Tuve la impresión de que mi lección teológica había sido demasiado intelectual para ella.

—Yo he nacido de nuevo. Fui un guardia alemán en la Segunda Guerra Mundial —declaró.
—¿Quiere decir que cree en la reencarnación?
—Sí. Me dispararon porque no me gustaba lo que se estaba haciendo.
—¿De veras?
—Sí. También viví durante el tiempo de Jesús. Era una egipcia y me enterraron en una tumba.
—Roberta, entonces, si hay un cielo, ¿cree que es lo suficiente buena para ir allí? ¿Es usted una buena persona?
—Soy una persona muy buena.
—Bien, le haré unas cuantas preguntas para ver si eso es cierto. Examinaremos la ley de Moisés por un momento.

A continuación procedí a repasar la lista. Ella me dijo que había mentido mucho durante su vida, robado cosas, blasfemado y codiciado. A esas alturas yo estaba pensando que *Don Simpático ya no existía*.

—¿En base a lo que acaba de decirme, se declararía inocente o culpable? —le dije.
—Iría al infierno —respondió ella, y podía percibirse algo de ofensa en su tono de voz, pero no estaba enojada—. No creo en Jesús. Soy judía, mi esposo es judío, mis hijos son judíos, y yo nunca creeré en Jesús.

En ese momento capté el mensaje. Ella me estaba diciendo: «No sigas hablando amigo». Así que le di las gracias por escucharme y seguimos charlando acerca de otras cosas.

—Usted es un hombre simpático —repitió una vez más.

Seguidamente me dijo que era una Comedora Compulsiva Anónima (¿por qué decirme eso si en realidad era «anónima»?) y que creía en un Ser Superior.

La mujer necesitaba tiempo extra, por lo que dijo que iba a embarcar más temprano. Le deseé un buen viaje (eso era porque yo iba en el mismo vuelo que ella). Cuando me subí al avión, la vi hablar por su teléfono móvil y me di cuenta de que estaba sentada en mi fila, un asiento más allá. Al pasar por donde se encontraba, le oí decir algo sobre conocer a un hombre simpático. Cuando me senté tan cerca, Roberta no lo podía creer. Había más de cien asientos en el avión y yo estaba justo a un asiento de ella. Entonces prosiguió con su conversación, diciendo que el hombre simpático estaba sentado cerca de ella y que no lo podía creer.

Piense en esto. Yo le había dicho que iba camino al infierno, y aun así ella seguía pensando bien de mí.

El cuerpo de Roberta se desbordaba hacia el asiento situado en medio de nosotros, de modo que estaba preocupada por la persona que fuera a sentarse allí. Me acerqué a ella y le dije: «No se inquiete, procuraré lanzarle mi mal aliento para librarnos de él». Mi comentario le pareció gracioso. Debería haberme callado, porque el hombre que se sentó entre nosotros tenía *muy* mal aliento, y cuando ella lo empujaba, él a su vez también lanzaba su aliento hacia mí. Era tan fuerte que temía que al respirar, su aliento me apagara la pantalla de mi computadora portátil. Cuando el auxiliar de vuelo me dio los tapones para los oídos, me dieron ganas de ponérmelos en la nariz.

Justo entonces un amable par de auxiliares de vuelo se pararon en el pasillo y me pidieron folletos de un millón de dólar. Ellas eran creyentes que habían visto el programa de televisión *The Way of the Master* y decían con osadía: «Este es un vuelo bendito. Todos amamos a Jesús. Este vuelo está cubierto con la sangre».

Era bueno que Roberta oyera eso, pero no tan bueno que lo escuchara Don Mal Aliento. Me habían descubierto. No obstante, en lugar de ofenderse, él preguntó: «¿Qué son los millones?». Jadeando, respondí: «Aquí tiene el suyo», pero no añadí: «Bueno, ¿qué piensa usted que ocurre cuando una persona muere?», ya que tenía miedo de morir si me hubiera lanzando su aliento en la cara.

Él le pasó el billete a su esposa, que se encontraba (comprensiblemente) sentada en la fila de atrás. Entonces le di una copia de «Lo que Hollywood cree» y oré para que Dios le hablara a través del CD, de modo que yo no tuviera que hacerlo. Cuando llegó la hora de dormirnos, incluso con su boca cerrada me seguía bombardeando por las fosas nasales. Él tenía una visera que le tapaba los ojos, así que alargué el brazo y ajusté su aire acondicionado para desviar la corriente. No obstante, eso no dio resultado. Mi último recurso fue esperar que abriera la boca mientras dormía para poder echarle un paquete de pastillas de menta.

¿Fallé con Roberta? Por supuesto que no. Pude repasar los Diez Mandamientos y darle literatura y un CD. Ella me dijo que uno de sus mejores amigos era un «nacido de nuevo», así que oré para que Dios continuara hablándole a través de su amigo.

¿Fallé con Don Mal Aliento? Sí, pero me queda el consuelo de que Dios no me necesita para hablarle a un pecador. Él siempre puede utilizar a otra persona, y por ello estoy sumamente agradecido. (Quizá seas tú el que Dios utilice para hablarle).

LA IMPORTANCIA DE UN NOMBRE

En el vuelo de regreso a Atlanta, me senté junto a la ventana. Minutos más tarde, un hombre muy grueso se sentó en el asiento del pasillo. Era enorme y, al igual que a Roberta, le fue imposible bajar el apoyabrazos debido al tamaño de su estómago. Le dije: «Buenos días, señor. ¿Cómo está usted?». Él me miró y masculló entre dientes: «Hola».

Su «hola» fue muy revelador. Me comunicaba que odiaba a los creyentes. Me daba a entender con toda seguridad que no quería hablar. Revelaba que este hombre era un ser humano amargado, enojado, lleno de odio y tan estresado que estaba dispuesto a matar al próximo que intentara imbuirle la religión por su impía boca.

Ignorando mis temores, le pregunté: «¿Cómo se llama? Mi nombre es Ray». Él sonrió un poco y me dijo que se llamaba Ron.

Asegúrate de captar y recordar el nombre de tu interlocutor. Piensa en alguien que conoces que tenga el mismo nombre e imagínate a esa persona a fin de retenerlo en tu banco de memoria cuando te estés preguntando: «¿Era Rob o Ron, Rick o Ralph, Eric o John?». Esto es importante, ya que tu propósito es hacerle una pregunta personal: «¿Qué cree usted que ocurre cuando una persona muere?». Es mucho más fácil poder decir: «*Ron*, quiero hacerle una pregunta. ¿Qué cree usted que ocurre cuando una persona muere?».

Le he preguntado a cientos de personas, si no a miles, si les gustaría hacer una pequeña entrevista para la televisión. Les digo: «Perdóneme, señor. ¿Le gustaría hacer una entrevista para la televisión?». La mayoría enseguida dirá: «No, gracias», y continuará su camino. Supongo que mi oferta los hace sentir importantes, como un político que les responde a los inquisitivos medios de comunicación: «No tengo nada que decir». El rechazo de esta gente me ha hecho sentir como un vendedor a domicilio.

No obstante, me inventé una forma de conseguir entrevistas. Cuando veía a un hombre con un tatuaje, vestido con una camiseta negra y una gorra de béisbol o algo parecido, decía: «Perdóneme, señor. Estoy realizando entrevistas a hombres curtidos que llevan camisetas negras, gorras de béisbol y tienen tatuajes». Eso siempre producía una sonrisa inmediata. Después preguntaba: «¿Cómo se llama?». El hombre decía: «Eric», o cualquiera fuese su nombre, y yo señalaba: «Eric, me llamo Ray. ¿Puede dedicarme un par de minutos para hacerle una rápida entrevista?». Si captaba el nombre, conseguía la entrevista. Esto me mostró una vez más lo importante que es romper el hielo al averiguar el nombre de la persona y recordarlo en el banco de memoria a fin de poder emplearlo cuando fuera necesario.

Resultó que el hombre en el avión, Ron (¿o se llamaba Rob?), era un individuo muy afectuoso y estaba preocupado de que alguien fuera a sentarse en el asiento que había entre nosotros. Después de mi último vuelo, yo también lo estaba. Le pregunté a qué se dedicaba, y hacia la mitad del vuelo le dije:

—Ron, quiero hacerle una pregunta. ¿Qué cree usted que ocurre cuando una persona muere? ¿Cree que existe un cielo? ¿Regresa la gente reencarnada?
—No. No creo que haya reencarnación.
—¿Cree usted que hay un cielo?
—Sí. Y existe el otro lugar.
—¿Cree que ira al cielo? ¿Es usted una buena persona?
—Espero ir allí.
—Bueno, hay una forma de averiguarlo con cuatro simples preguntas. ¿Cuántas mentiras ha dicho en su vida?
—Miles.

Ron era franco y amable. Él escuchó y asintió con la cabeza a todas mis palabras. Cuando le pregunté si tenía una Biblia, me dijo que poseía tres. Lo animé a leer una de ellas y le entregué una copia del folleto «Evítese algo de dolor».

Estaba tan satisfecho con la conversación que no tuve tiempo de escuchar mis propios temores. No obstante, ¿qué tal si las cosas no salen como estaba previsto? Lo estudiaremos en el próximo capítulo.

13

HABLÁNDOLES A LOS INTELECTUALES

Digamos que estás sentado en un avión y por fin cobras el suficiente valor para hablar con el hombre que se encuentra sentado a tu lado. Conforme toma su café, le dices: «Oiga, Brian, quiero hacerle una pregunta. ¿Qué cree usted que ocurre cuando muere una persona?». Brian termina el último sorbo de café, piensa por un minuto y responde: «Nada». Tú replicas: «¿Nada?». Él sonríe de manera condescendiente y declara: «Soy ateo». A estas alturas, eres tú el que traga en seco, y no terminas nada excepto tu deseo de ponerle fin a esta conversación. No cabe duda de que este hombre es un intelectual, un pensador. Probablemente tiene un título universitario. ¿Cómo le respondes ahora?

He aquí lo que tienes que hacer. Deja de pensar que Brian es un «intelectual». Eso simplemente no es cierto. Existe la posibilidad de que tenga un alto coeficiente intelectual, pero no es un pensador profundo. Es un «necio» según la Biblia (véase Salmo 14:1 y Romanos 1:22). Sus pensamientos son muy superficiales. Y tiene la misma mentalidad de un hombre que cree que nadie ha creado el avión en el que tú y él están sentados. Los asientos, las alas, la iluminación, el sistema de sonido, la televisión y la radio de abordo, los motores, la moqueta, el complejo cableado... todas estas cosas sucedieron por accidente. Nada existía. Entonces, de pronto, vino el «big ban» y (con el tiempo) apareció un avión de la nada. Tales pensamientos están al borde de la locura, o son a lo sumo pensamientos que proceden de la mente de un simplón.

Así que, ¿por qué insistimos en creer que los ateos son intelectuales? ¿Por qué tantas universidades producen ateos como si se fuera a acabar el mundo?

Jesús le llamó a nuestro enemigo «el padre de la mentira». ¿Le crees a Jesús? Estamos rodeados de mentiras. Cualquiera que estudia la teoría darwiniana de la evolución sin prejuicios ni fe ciega sabe que es mentira. El ateísmo es una mentira y un suicidio intelectual. Cualquiera que usa el cerebro que Dios le ha dado para pensar lo sabe. No obstante, aun así, la mentira de que los que creen en una loca teoría llamada «evolución» y en la insensatez del ateísmo son de alguna manera intelectuales persiste.

LA LISTA DE LAS MENTIRAS[1]

Algunos ateos que mienten, exageran o adornan la verdad —solo un poquito— no reparan en consolidar su argumento de que Dios no existe. Numerosas páginas ateas en la Internet listan a «grandes genios» que fueron ateos. A primera vista, estas listas impresionan. El problema es que lo que afirman acerca de estos hombres y mujeres simplemente no es cierto. Muy pocos de los que figuran en sus largas listas son en verdad ateos. Tomemos, por ejemplo, la siguiente pequeña lista de grandes nombres presentada en un reto por un hombre que frecuenta de modo asiduo mi blog:

> Me parece curioso que ni una sola persona haya aceptado mi reto de encontrar «grandes estadounidenses» (ciudadanos que han aportado en gran manera a los tesoros de la literatura, la ciencia y la ingeniería de los Estados Unidos, y que han orquestado reformas sociales que han hecho de los Estados Unidos un gran país) que sean «cristianos

evangélicos fundamentalistas» [...] En realidad he hecho mis investigaciones y conozco al menos a tres, aunque no son para nada de la talla de los grandes estadounidenses como Thomas Edison, Mark Twain, Robert Frost, Ernest Hemingway y Susan B. Anthony (quienes son, precisamente, todos ateos) [...] ¿Por qué los ateos han contribuido en tan gran manera al desarrollo de los Estados Unidos y la sociedad mundial, y los evangélicos tan poco? El reto aún sigue en pie.

Fíjate en esta impresionante lista de grandes ateos estadounidenses: (1) Thomas Edison, (2) Mark Twain, (3) Robert Frost, (4) Ernest Hemingway y (5) Sudan B. Anthony. Me pregunto cuántos teístas ingenuos se han vuelto ateos porque creían que muchos grandes genios denegaron la existencia de Dios. El problema es que solo una de las cinco personas que aparecen en la lista en realidad era atea, y su historia es un caso verdaderamente triste. Consideremos uno por uno a estos grandes estadounidenses que eran «todos» ateos.

THOMAS EDISON

Thomas Alva Edison (1847-1931) fue un inventor y empresario estadounidense que desarrolló muchos aparatos de gran influencia para la vida moderna, incluyendo el fonógrafo y la duradera y práctica bombilla eléctrica.

Hace poco devoré la biografía de este hombre increíble a quien tanto le debemos. Me consuelo con su declaración: «No he fallado setecientas veces. No he fallado ni una vez. He triunfado probando que esas setecientas maneras no funcionarían». Me encanta su filosofía de «Yo averiguo lo que el mundo necesita. Entonces, voy y lo invento».

Por lo tanto, ¿fue Thomas un incrédulo? Distaba mucho de serlo. Al igual que muchas mentes pensantes, él simplemente odiaba la hipocresía de la «religión». Sin embargo, Edison no fue un ateo. En realidad, se le oyó afirmar lo siguiente:

> No creo en el Dios de los teólogos; pero no me cabe la menor duda de que existe una Inteligencia Suprema².

> Estoy mucho menos interesado en lo que llaman la palabra de Dios que en los hechos de Dios. Todas las Biblias están hechas por el hombre³.

Henry Ford dijo una vez: «Creo que Dios está al control y no necesita consejo alguno mío. Con Dios en control, creo que todo saldrá bien al final. Así que no hay nada por lo que preocuparse». Ford fue muy amigo de Edison, y después de su muerte señaló: «[Edison] sintió que había un núcleo de procesamiento central de la vida que seguía y seguía. Esa fue su conclusión. Nosotros hablamos de ello en muchas ocasiones [...] Llámenlo religión o lo que quieran, el señor Edison creía que el universo estaba vivo y respondía a la gran necesidad del hombre. Fue una religión inteligente y prometedora si alguna vez hubo una. El señor Edison se fue con la esperanza de la luz, no de la oscuridad»⁴.

MARK TWAIN

Samuel Langhorne Clemens (1835-1910), mejor conocido por el seudónimo de Mark Twain, fue un humorista, satírico, profesor y escritor estadounidense. Twain, como Edison, sentía desdén por la hipocresía de la religión establecida. Sin embargo, también como Edison, no fue categóricamente un ateo, según sus siguientes declaraciones atestiguan:

> Dios pone algo bueno y amable en cada hombre que sus manos crean⁵.

> Ningún hombre que jamás haya vivido ha hecho,

ante todo, algo para agradar a Dios. Lo hizo para agradarse a sí mismo, y después a Dios[6].

Ninguno de nosotros puede ser tan grande como Dios, pero cualquiera de nosotros puede ser bueno[7].

ROBERT FROST

Robert Lee Frost (1874-1963) fue un poeta estadounidense. Él es altamente considerado por sus representaciones realistas de la vida rural y su dominio del lenguaje coloquial estadounidense. Frost fue honrado con frecuencia durante su vida, habiendo recibido hasta cuatro Premios Pulitzer. En una carta a su amigo G. R. Elliot en 1947, Frost aludió a uno de sus miedos muy reales: «Mi temor de Dios se ha traducido en un temor profundo e interior de que mi mejor ofrenda no sea aceptable en su presencia». En una carta a Louis Untermeyer en 1932, Frost declaraba que él le temía al «Dios de Israel, que admite es un Dios celoso». En su última carta, escrita unos días antes de morir, declaraba: «La salvación nunca vendrá de otro sino de Dios»[8]. Como en el caso de Thomas Edison y Mark Twain, Robert Lee Frost no era ateo.

SUSAN B. ANTHONY

Susan Browell Anthony (1820-1906) fue una distinguida, independiente y bien instruida líder estadounidense de los derechos civiles que dirigió junto a Elizabeth Cady Stanton la lucha por conseguir el sufragio femenino en los Estados Unidos. Al ser procesada por sus convicciones, se defendió a sí misma declarando: «Por favor, su señoría, nunca pagaré un dólar de su injusto castigo [...] Y continuaré de forma seria y persistente instando a todas las mujeres al reconocimiento práctico de la antigua máxima revolucionaria: "La resistencia a la tiranía es obediencia a Dios"»[9].

Una vez más, al igual que Edison, Frost y Mark Twain, ella no negó la existencia de Dios. Fíjese en sus propias palabras:

Siempre desconfío de la gente que sabe tanto acerca de lo que Dios quiere que hagan con sus prójimos. Desconfío de aquellas personas que saben muy bien lo que Dios quiere que hagan, ya que me doy cuenta de que siempre coincide con sus propios deseos[10].

La Declaración de Independencia, la Constitución de los Estados Unidos, las constituciones de varios estados y las leyes orgánicas de los territorios, todas por igual proponen *proteger* a las personas en el ejercicio de sus derechos divinos. No hay ninguna que pretenda conferir derechos: «Que todos los hombres son creados iguales, que su Creador los ha dotado de ciertos derechos inalienables, que entre ellos se encuentran la vida, la libertad y la búsqueda de la felicidad. Que para asegurar estos derechos se instituyen gobiernos entre los hombres, los cuales derivan sus poderes legítimos del consentimiento de los gobernados»[11].

Susan también dijo: «El preámbulo de la constitución del estado de Nueva York declara los mismos propósitos. Dice así: "Nosotros, el pueblo del estado de Nueva York, agradecidos a Dios Todopoderoso por nuestra libertad, con el fin de garantizar sus bendiciones, establecemos esta constitución". En ella no aparece la menor indicación ya sea de recibir libertad de la Constitución de los Estados Unidos, o de conferir las bendiciones de la libertad sobre el pueblo por parte del estado; y lo mismo es cierto de las constituciones de cada otro estado. Todas y cada una declaran derechos dados por Dios, y asegurarle al pueblo el disfrute de sus derechos inalienables es el único y principal objetivo para disponer y establecer el gobierno»[12].

ERNEST HEMINGWAY

Ernest Miller Hemingway (1899-1961) fue novelista, escritor de cuentos y periodista. Hemingway recibió el Premio Pulitzer en 1953 por *The Old Man and the Sea* [El viejo y el mar] y el Premio Nobel en Literatura en 1954. Él dijo una vez: «Todos los pensadores son ateos», lo cual me hace sospechar que «la lista de mentiras» del ateo no es algo nuevo.

Hemingway, que luchó en la Primera Guerra Mundial, quizá puso de manifiesto sus propias ideas sobre Dios en una de sus obras. Un crítico dijo lo siguiente acerca de *A Farewell to Arms* [Adiós a las armas]:

> Como teniente durante la Primera Guerra Mundial, Frederic Henry afirma no ser religioso o amante de Dios. En una conversación con el sacerdote de su grupo, Frederic solo admite ser temeroso de Dios «algunas veces por la noche». La razón por la que él solo siente esto durante la noche es porque son los momentos más solitarios, en los cuales puede pensar en la terrible e insensata guerra, así como en su vida sin sentido[13].

Ernest Hemingway fue el único ateo de la lista de cinco supuestos grandes estadounidenses ateos. La vida de este prolífico escritor es un triste testimonio de la verdad de las palabras de Jesús cuando describe a un hombre que edifica su casa sobre la arena, y una vez que las tormentas de la vida llegan, la casa se derrumba de forma trágica:

> Durante un safari [Hemingway] fue víctima de dos accidentes de avión consecutivos. Las lesiones que sufrió fueron graves y cuantiosas. Se dislocó el hombro derecho, el brazo derecho y la pierna izquierda, tuvo una conmoción general grave, perdió la visión temporalmente en el ojo izquierdo, la audi-

ción en el oído izquierdo, tuvo parálisis del esfínter, se aplastó una vértebra, sufrió la ruptura del hígado, el bazo y el riñón, y quedó marcado con quemaduras de primer grado en la cara, los brazos y la pierna. Y por si esto fuera poco, un mes más tarde sufrió importantes lesiones en un incendio entre la maleza que lo dejó con quemaduras de segundo grado en las piernas, la parte frontal del torso, los labios, la mano izquierda y el antebrazo derecho. El dolor físico le hizo perder la cabeza. Hemingway perdió todas sus fuerzas y el deseo de seguir viviendo[14].

Cuando no edificamos nuestras vidas sobre las enseñanzas de Jesús, las tormentas de la vida con el tiempo causan nuestra caída. Tristemente, Ernest Hemingway se dio al alcohol para intentar ahogar sus penas. Intentó suicidarse en la primavera de 1961 y posteriormente recibió tratamiento, aunque eso no pudo prevenir su suicidio el 2 de julio de 1961. A las cinco de la mañana, él moría a consecuencia de un disparo de escopeta autoinfligido a la cabeza. Solo Dios sabe lo que ocurrió momentos antes de que se quitara la vida.

EINSTEIN Y DIOS

Hay mucha gente que, a fin de demostrar que el ateísmo es algo «intelectual», ha postulado que Albert Einstein, otro gran pensador intelectual, también era ateo. Sin embargo, ¿hay algo de cierto en estas afirmaciones? Examinemos un poco más de cerca la vida de Einstein y sus propias palabras para ver si podemos determinar la respuesta.

Albert Einstein fue una persona reacia a la celebridad. Dondequiera que iba, era el foco de atención, pero él parecía estar perplejo de que el mundo estuviera tan fascinado con él. (De cualquier forma, es difícil no fijarse en un hombre con un gran bigote blanco y mechones de pelo blanco como los de un espantapájaros en medio de una gran ventisca, y esto en una época en que la mayoría de los hombres llevaba el pelo corto). Incluso muchos años después de su muerte, nosotros seguimos fascinados con lo que motivaba a este hombre tan atractivo.

Albert llegó al mundo el 14 de marzo de 1879 y murió el 18 de abril de 1955. Fue un físico judío nacido en Alemania a quien se le conoció mejor por su teoría de la relatividad, y en específico por la equivalencia masa-energía, $E = mc^2$. En 1999, Einstein fue elegido como «Persona del Siglo» por la revista *Time*, y nombrado el mejor físico de todos los tiempos en una encuesta realizada entre los físicos más destacados. Él logró tal impacto en la cultura moderna que el nombre «Einstein» se convirtió en sinónimo de la palabra «genio».

Entonces, ¿qué es lo que creía este hombre acerca de Dios y la Biblia? El brillante científico dijo una vez lo siguiente sobre sus propias creencias:

> En vista de tal armonía en el cosmos, la cual yo, con mi limitada mente humana, soy capaz de reconocer, aún hay gente que dice que no hay Dios. Sin embargo, lo que en verdad me enoja es que me citen a mí para afianzar tales opiniones[15].

Einstein era teísta. Él creía en Dios, pero no cabe duda de que no era cristiano, ni tampoco creía que la Biblia fuera la Palabra de Dios. En realidad, a lo largo de su vida rechazó la idea de que Dios fuera un dios personal, y (como la mayoría de la gente en la actualidad) se sintió especialmente ofendido por la idea de que las personas tuvieran que rendirle cuentas a Dios por sus pecados. He aquí lo que dijo:

> No sabemos nada en lo absoluto acerca de todo esto [Dios y el mundo]. Todo nuestro conocimiento no es sino el conocimiento de niños en edad esco-

lar. Es posible que lleguemos a saber más de lo que sabemos ahora, pero nunca llegaremos a conocer la verdadera naturaleza de las cosas, nunca[16].

Sin embargo, a pesar de que Einstein se aferró al dios de su propia creación, no pudo evitar sino reconocer el genio del Creador, y aquí es donde manifiesta su conocimiento de algunas Escrituras:

> Veo un patrón, pero en mi imaginación no puedo imaginarme al artífice del patrón. Veo un reloj, pero no puedo imaginarme al relojero. La mente humana es incapaz de concebir cuatro dimensiones, así que cómo va a poder concebir a un Dios ante el cual mil años y mil dimensiones son como una[17].

Una vez más, aunque Einstein negara que Dios era un dios personal, sí alcanzó a ver su asombrosa mano:

> Yo no soy ateo. No creo que pueda autodenominarme un panteísta. El problema que nos ocupa es demasiado extenso para nuestras mentes limitadas. Somos como un niño que entra en una gran biblioteca llena de libros en muchos idiomas. El pequeño sabe que alguien debe haber escrito esos libros, pero no sabe cómo. Él no entiende los idiomas en los que se han escrito. El pequeño tiene una ligera sospecha de que existe un orden misterioso en la organización de los libros, pero ignora en qué consiste. Esa, me parece a mí, es la actitud de incluso el ser humano más inteligente del universo hacia Dios. Nosotros vemos el universo organizado de una manera maravillosa y obediente a ciertas leyes, pero solo entendemos estas leyes de forma muy débil[18].

«Lo que me separa de la mayoría de los llamados ateos es un sentimiento de absoluta humildad hacia los secretos inalcanzables de la armonía del cosmos», llegó a explicar. En realidad, Einstein solía ser más crítico de los detractores, quienes parecían carecer de humildad o sentido del respeto, que de los fieles. «Los ateos fanáticos», escribió en una carta, «son como esclavos que aún sienten el peso de sus cadenas, de las cuales se desprendieron tras una dura lucha. Son criaturas que, en su rencor contra la religión tradicional como el "opio de las masas", no pueden oír la música de las esferas»[19].

Cuando se le hizo la pregunta: «¿Hasta qué punto está usted siendo influenciado por el cristianismo?», contestó: «Cuando era niño me instruyeron tanto en la Biblia como en el Talmud. Soy judío, pero estoy fascinado con la luminosa figura del Nazareno»[20]. Cuando le preguntaron si aceptaba la existencia histórica de Jesús, respondió: «¡Sin lugar a dudas! Nadie puede leer los Evangelios sin sentir la presencia real de Jesús. Su personalidad vibra en cada palabra. No es posible crear un mito con esa vida»[21]. Einstein también dijo: «Quiero saber cómo Dios creó este mundo. No estoy interesado en un fenómeno u otro, en el espectro de este u otro elemento. Deseo conocer sus pensamientos. Lo demás son detalles»[22].

Los que dedican tiempo a la lectura de la Biblia pueden saber cómo Dios creó este mundo (véase Génesis 1) y pueden leer los pensamientos de Dios a través de las Santas Escrituras. Sin embargo, el motivo por el que muchos no creen es porque este no es meramente un libro de historia, sino un libro *moral*, y por esa razón el hombre pecaminoso se niega a aceptar sus páginas. El salmista nos informa que «la exposición de tus palabras nos da luz» (Salmo 119:130), y la Biblia nos dice además que los hombres aman más las tinieblas que la luz, ya que sus obras son malas. Ellos detestan la luz porque revela sus obras perversas (véase Juan 3:19-20).

LA FE Y EL INTELECTO HUMANO

Durante la Segunda Guerra Mundial, los archivos de la fuerza aérea revelaron que un avión y su tripulación desaparecieron por completo en su primera misión de combate. La aeronave fue hallada a una inverosímil distancia de mil seiscientos kilómetros más allá de su objetivo. Los investigadores descubrieron que la tripulación había saltado del avión justo antes de estrellarse en los sesenta grados del Desierto de Libia.

MANTENTE EN FORMA

El bombero debe mantener su hacha afilada y su brazo fortalecido. Es posible que en cualquier momento la vida de alguien dependa del filo del hacha o de la fortaleza de su brazo.

El creyente tiene acceso a lo que Charles Spurgeon llamaba «nuestro auxiliar más capaz». Con esto él quería hacer referencia a nuestra arma más potente, es decir, la ley de Dios. Es la ley la que realmente destruye las barreras y lleva a la víctima en peligro al seguro amparo de la cruz.

Necesitamos estar preparados en especial para tratar con los «intelectuales». Un individuo puede defender la teoría de la evolución, el problema del sufrimiento u otros temas que dificultan su salvación. Por lo tanto, el creyente tiene que empuñar el hacha de la ley moral y destruir esas barreras.

El creyente debe despejar la senda del Señor. Hay que llenar cada valle y quitar cada montaña. El creyente logra hacer esto enfocando su energía en la conciencia del pecador.

¿Cómo mantenemos nuestra hacha afilada y nuestro brazo fortalecido? Repasando la ley una y otra vez hasta que sea algo integrado a nuestra práctica rutinaria. Cada vez que testificamos es como una sesión de ejercicios, de modo que nos volvemos más fuertes cuando hablamos de nuestra fe.

La ley también es semejante a una escalera de diez peldaños que nos posibilita alcanzar a los que perecen cuando abordamos de lleno el problema. La «obra de la ley» está escrita en el corazón y les muestra a los pecadores el peligro en el que están. Les permite oler el humo del fuego de un infierno aterrador a fin de que respondan al evangelio con los brazos abiertos.

—Kirk Cameron

Los cuerpos de la mayoría de los miembros de la tripulación fueron hallados a ciento veinticinco kilómetros de donde saltaron del avión. Uno de los hombres había caminado ciento ochenta y cuatro kilómetros antes de perecer. Lo que desconcertó durante años a los expertos militares fue cómo un avión pudo acabar mil seiscientos kilómetros más allá de su destino.

Esto fue lo que ocurrió: Un fuerte viento de cola provocó que llegaran a su destino antes de la hora estimada. Sus instrumentos indicaban que ya habían llegado, pero cometieron el grave error de no creer en los mismos, sino que confiaron en sus propios instintos naturales. Aquellos que confían en su propio intelecto humano cometen el mismo grave error cuando se trata de su salvación eterna. Las Escrituras nos dicen: «Confía en el SEÑOR de todo corazón, y no en tu propia inteligencia. Reconócelo en todos tus caminos, y él allanará tus sendas» (Proverbios 3:5-6).

Hace muchos años dirigía un club infantil. Al final de nuestro tiempo juntos, cogía una bolsa enorme de caramelos y le daba uno a cada niño. Un día, al estar instruyendo a los niños para que formaran una fila, observé que los mocosos más abusadores se habían colado a la cabeza de la misma. En la parte de atrás estaban los niños sumisos, callados y débiles. En aquellos momentos pensé: *Si esta no es una fila producto del egoísmo, no sé lo que es*. Y entonces se me ocurrió una idea. Dije: «Niños, permanezcan donde están y den media vuelta. Si alguno se sale de la fila, no recibirá ningún caramelo». Cada niño se dio la vuelta y yo personalmente disfruté a lo grande pasando la bolsa de caramelos al otro extremo de la fila y dándoselos primero a los niños sumisos, callados y débiles... para gran disgusto de los mocosos egoístas en la parte de atrás.

Así es como Dios ha atrapado a los perversos en su propia astucia. Le ha dado la vuelta a la fila. En este mundo en el que los ricos se hacen más ricos y los pobres son pisoteados, Dios ha hecho algo increíble. Él resiste a los soberbios y les muestra gracia a los humildes (véase Proverbios 3:34). Pregúntale a una persona orgullosa si admite ser pecadora, si no se merece otra cosa sino el infierno, y si está dispuesta a arrepentirse y seguir a Jesucristo cueste lo que cueste, y seguramente te responderá: «¡Claro que no! ¡Yo no creo en esas tonterías!». Observa la sabiduría y la infinita inteligencia de Dios. La Biblia dice que él escogió lo necio de este mundo para avergonzar a los sabios (véase 1 Corintios 1:27). La gente que posee algo de dignidad intelectual, posición social u orgullo raramente se rebaja a creer el mensaje del evangelio. Dios resiste al soberbio y le muestra gracia al humilde.

Así que la próxima vez que te sientes junto a alguien o hables con alguna persona que profesa el ateísmo, no estés intimidado en lo más mínimo. Anímate. Tienes delante a un pensador superficial que ama su pecado. Solo necesitas aprender a dirigirte a la conciencia de esa persona. Para eso imita a Jesús y utiliza su ley moral a fin de suscitar el conocimiento del pecado. Es entonces cuando ofreces la gracia de la muerte de Cristo, que pagó el castigo por ese pecado, y su resurrección que promete vida eterna junto a él. En el próximo capítulo consideraremos los testimonios de algunos antiguos ateos que, porque alguien decidió hablarles del evangelio, pudieron abrir sus mentes a la verdad del evangelio e invitar a Cristo a morar en sus vidas.

14

¡LOS ATEOS TAMBIÉN NECESITAN EL EVANGELIO!

A finales del 2008, una organización integrada por once grupos de ateos y «pensadores libres» se gastaron cinco mil dólares en publicar el mensaje: «¿No crees en Dios? No eres el único» en once vallas publicitarias de Denver y Colorado Springs. Por todo el país hasta Washington D.C., los autobuses portaban un mensaje similar: «¿Por qué creer en un dios? Simplemente sé bueno, por lo que más quieras». La Asociación Humanista Estadounidense lanzó esta campaña publicitaria valorada en cuarenta mil dólares como parte de su empeño en atraer más conversos a sus creencias. A principios de año, la Asociación Humanista Británica lanzó una campaña similar empleando los autobuses de Londres con el mensaje: «Probablemente Dios no existe. Deja de preocuparte y disfruta la vida».

Con motivo de la nueva tendencia al ateísmo decidí pedirles a los que un día fueron mis amigos ateos que compartieran sus testimonios. Este es el primero.

No habiéndome criado para creer en Dios, no lo hacía. Eludí el tema hasta que cumplí los veinte años. Fue entonces cuando amigos y familiares expresaron su curiosidad por saber en qué creía. Dado que no iba a la iglesia o mostraba señal de alguna fe, ellos asumieron que era ateo, y yo también. Pronto empecé a justificar mi falta de fe utilizando lugares para afirmar la imposibilidad de Dios, lo abstracto de su existencia. Comencé a unirme a cualquier grupo ateo que pudiera encontrar y a debatir con amistades cristianas, en especial sobre el tema de la evolución.

Con el tiempo, ser ateo significó ser un buen conocedor de los argumentos del otro bando. Tenía que saber exactamente lo que pretendía no creer. Leí muchos libros de apologética acerca del cristianismo y el diseño inteligente. ¡Y me di cuenta de que tenían sentido! ¿Cómo se formó el universo y la vida, y el inmensamente complejo y creativo cerebro humano, que goza de una conciencia autónoma? ¿O incluso una bacteria o un átomo de hidrogeno? La única explicación fue que Dios los creó.

El segundo testimonio es un poco más exhaustivo. Alan Pearson fue un firme creyente de que Dios no existía. Esta es su historia:

Me llamo Alan Pearson, y me hacía todas esas preguntas y más. Decir que en su día fui un escéptico sería quedarme enormemente corto. Fui un superescéptico. Eso fue hasta que conocí a Dios en una fría mañana antes del amanecer en febrero del 1992, cuando tenía treinta y cinco años. Ese día él respondió a la candente pregunta que me había estado haciendo durante la mayor parte de mi vida adulta.

Creo que nuestros testimonios deben ser más acerca de lo que Dios ha hecho por nosotros que de lo que el diablo hizo en nosotros, pero antes de abordar ese tema, permíteme hablarte de mis años superescépticos.

Nunca tuve verdaderas influencias cristianas en mi vida. No fui criado en un hogar cristiano. Aunque mis padres se casaron en una iglesia católica, no practicaban ni predicaban ninguna religión.

Cuando tenía quince años, mi abuelo murió de una forma lenta y agonizante a causa de un cáncer pancreático. Tenía una relación muy íntima con él, y tuvo una gran influencia en mi vida. Él era un hombre muy positivo, jovial y robusto, al cual todo el mundo amaba. Después de su muerte, no podía discernir si estaba enojado con Dios o si era ateo, porque para mí, un Dios que en verdad ama no podría permitir que tales cosas le acontecieran a un hombre como él.

Al final decidí que era ateo, y permanecí así por muchos, muchos años. Acepté la evolución y otras «ciencias» como realidades. Viví mi vida como si no hubiera vida después de la muerte ni consecuencias duraderas por mis acciones. Como ateo, pensaba que los cristianos eran hipócritas, insinceros, débiles y pusilánimes. Era normal que me mofara de ellos y su religión. Decía cosas como: «Soy ateo, te lo juro por Dios». «Yo evito la iglesia religiosamente». «Voy a dejar la iglesia durante la cuaresma».

Aunque puede que hubiera sido un ateo con buen sentido del humor, en realidad no era un buen ateo. Con el tiempo, años más tarde, empecé a ceder en mi convicción como ateo, y ya en mis años de adulto joven me suavicé y pasé de ateo a escéptico. ¡Un superescéptico! Se me ocurrían las preguntas habituales:

- ¿Qué podemos decir de las otras religiones? ¿Es posible que estén equivocadas?

- ¿Y las historias de la Biblia? ¿Es posible que sean todas reales?

- ¿Qué diremos de las diferentes denominaciones? ¿No es cierto que todas tienen sus propias interpretaciones de la Biblia?

- ¿Qué versión de la Biblia es la correcta? ¿Y por qué existen tantas?

- ¿Qué pasa con la evolución? A mí me parece verosímil y lógica.

- ¿Dónde está la prueba, la evidencia sólida, de que la Biblia es fiel?

Más que solo preguntas, las experiencias personales que tuve con algunos individuos que conocía y que iban a la iglesia solo hicieron que me volviera aun más escéptico y cínico. Conforme los miraba y consideraba sus vidas y sus comportamientos, me decía a mí mismo: *Estas personas son hipócritas, y yo soy tan bueno como ellas... en realidad, soy mejor que algunas de ellas.* He oído decir que Dios hizo al hombre, y después el hombre le devolvió el favor. Eso fue por cierto lo que yo hice... quebranté el primer mandamiento cuando hice un dios a mi propia imagen. Y pensé: *Seguramente Dios está calificando por comparación, y si es así, lo estoy haciendo bastante bien. Digo, comparado con Hitler, soy un santo. Un Dios de amor en verdad no me va a condenar al infierno.* Lo que hice fue confeccionar un dios a mi medida.

Siempre anduve en la periferia del cristianismo. Sin alguien que me lo explicara a fondo, no tenía más remedio que ir recabando información como podía. He aquí algo que sí sabía acerca del cristianismo: siempre que veía algún partido de la Serie Mundial, o el Super Bowl, o cualquier otro gran acontecimiento deportivo, había un tipo detrás de la base de los bateadores o detrás de la línea de las cincuenta yardas con un cartel en el que aparecía escrito Juan 3:16. Así que pensé: *¡Bueno, si de eso es de lo que se trata, me apunto, porque quiero sentarme ahí el año que viene!*

Haber visto tantos partidos de la Serie Mundial despertó mi curiosidad sobre Juan 3:16, así que encontré una Biblia y lo busqué. El versículo decía que Dios «dio» a su único Hijo para que yo pudiera recibir vida eterna. Y eso fue lo que provocó la pregunta más importante que tenía acerca de Dios. Era incapaz de comprender todo el asunto del «sacrificio». Es decir, si él es Dios, ¿dónde está la gran cosa? Él es Dios, y puede hacer lo que quiera, ¿no es cierto?

No podía entender cómo un Dios que tiene todo, que puede tenerlo todo, podría hacer un sacrificio. Pensé: *Muy bien, diste a tu Hijo, pero si en verdad eres Dios, puedes hacer otros Hijos. ¿Cuál es el problema?* Y esa misma pregunta —la pregunta del sacrificio— me obsesionó hasta el momento antes de la hora en la que creí.

En enero de 1992, mi esposa, Kim, entró a una iglesia situada a unos cuantos bloques de nuestra casa para pedir información sobre la misma. Ambos habíamos visto esta iglesia muchas veces, pero nunca habíamos hablado de ella o cualquier otra iglesia;

la «religión» no formaba parte de nuestras de vidas. Ella conoció al pastor ese día, y después de una breve conversación, él le entregó una información impresa que Kim trajo a casa. Esa tarde, mi esposa me contó sobre cómo se había sentido «guiada» a entrar a la iglesia para hablar con el pastor Chuck. A medida que me leía la información, me quedé algo asombrado por su nivel de interés... un interés que, por decir lo menos, yo no compartía. Así que me aferré a mis opiniones cínicas y escépticas acerca de la religión y Dios.

Durante las siguientes dos semanas, Kim y yo mantuvimos numerosas conversaciones en torno a mis opiniones sobre las iglesias y la religión, e intenté convencerla para que «el asunto de la religión» fuera dejado a un lado. De forma calmada, le expliqué que ellos solo querían que nos afiliáramos a la iglesia para recibir nuestro dinero. No obstante, durante ese mismo período de tiempo, Kim asistió a varios cultos por su cuenta y continuó reuniéndose con regularidad con el pastor Chuck.

Un día a principios de febrero, Kim llegó a casa y declaró que quería hacerse miembro de esta iglesia, y deseaba que yo hiciera lo mismo. Ahí fue cuando me di cuenta de que era inútil convencerla de no hacerlo. No estaba seguro de por qué, pero me percataba de que era algo superior a un mero deseo. Se trataba de algo mucho más transcendente. En retrospectiva, ahora entiendo la forma en que el Espíritu Santo estaba obrando en su vida. Yo no tenía la menor idea de lo que él estaba a punto de hacer en mí también.

Acepté reunirme con Kim y el pastor Chuck. En la reunión, él nos explicó los conceptos básicos del cristianismo y la doctrina eclesiástica. Nosotros, junto a varias otras parejas que se estaban comprometiendo a la membresía al mismo tiempo, nos inscribimos para cursar las clases necesarias con el fin de hacernos miembros. Sin embargo, lo hice bajo una protesta silenciosa y únicamente para apaciguar a mi esposa. Solo estaba colaborando para quedar bien y asumía que su «período» de religión acabaría pronto.

Aunque asistimos a las clases, solo me encontraba allí para agradar a Kim, de modo que no estaba asimilando mucho de lo que se enseñaba. Un día, Kim trajo a casa una Biblia de estudio con una funda de piel. No tenía idea de lo que era una Biblia de «estudio». Nunca había visto una. El concepto de «estudiar» la Biblia era algo ajeno para mí, y solo pensar en escribir o poner notas en una Biblia me parecía un sacrilegio. O al menos tan sacrílego como le pudiera parecer algo a un inconverso.

Mi concepto de una Biblia consistía en una Biblia enorme que mi madre le había comprado a un vendedor a domicilio cuando yo era un niño. La Biblia tenía páginas con los filos dorados y estaba colocada sobre una mesita baja. Es un milagro que la mesita no se quebrara con el peso de esa Biblia. Nunca vi que alguien la abriera.

Algunos días después, Kim llegó a casa con una elegante funda de piel para mi nueva Biblia de estudio. Ella me explicó que tenía un sitio para mis bolígrafos, marcador, notas, y todo lo demás. De verdad pensé que se había vuelto loca.

Ya que una de las personas inscrita en las clases semanales de membresía trabajaba segundo turno y no podía asistir, el pastor Chuck hizo grabaciones de cada clase. A finales de febrero, no pude asistir a una clase a causa de un viaje de negocios. Siempre atenta, Kim me consiguió la cinta para que pudiera recuperar la clase y estar preparado para la siguiente.

Por aquel entonces tenía que viajar unos treinta minutos a fin de ir al trabajo. Por mi propio interés, y para nada debido a mi interés por Dios, pensé que escuchar la grabación de ida y vuelta al trabajo sería simplemente un buen uso de mi tiempo. Así que coloqué la cinta de camino a mi empleo en una mañana de febrero antes del amanecer. Esta fue la mañana en la que recibiría la respuesta a mi candente pregunta. Dios sabía exactamente dónde condenarme; justo en el quid del asunto que yo siempre había cuestionado: Su sacrificio.

Mientras conducía al trabajo temprano esa mañana, escuché al pastor Chuck describir las últimas horas de Cristo. Durante los quince minutos de la lección, él entró en gran detalle acerca de los aspectos clínicos de la muerte por crucifixión: la increíble tortura y el dolor, la muerte lenta y agonizante. Llegado a este punto, él ni siquiera estaba hablando de la crucifixión de Cristo, sino que hablaba de la muerte por crucifixión en general. Su descripción fue increíblemente gráfica. A lo único que la puedo comparar es a la película *La Pasión*. Sin embargo, su descripción fue tan gráfica que en comparación la película resultaba aburrida. Solo al pensar en ello, incluso después de todos estos años, se me revuelve el estómago.

Nunca se me olvidará el preciso momento en que el Espíritu Santo me lavó por completo de camino al trabajo esa mañana. En un instante, por fin entendí el sacrificio de Dios y lo que significó para mí. Y al mismo tiempo, me sentí completamente abrumado por un río de emociones, al punto en que pensé apartarme de la carretera porque casi no podía controlar el coche. Por otro lado, no quise que nada interrumpiera ese momento. Yo estaba totalmente agobiado por el dolor, la culpa, la tristeza, la vergüenza y el remordimiento, y aun así, al mismo tiempo, también estaba lleno de gozo, perdón y esperanza.

No puedo explicarlo por completo; nadie puede explicar acontecimientos supernaturales. Lo único que sé es que en un instante me fue revelada mi naturaleza pecaminosa. Y al mismo tiempo, también sabía que el sacrificio de Dios, la muerte de su Hijo, era la única forma de reconciliarme con él.

Antes de ese momento, nunca supe lo mucho que había ofendido a Dios. Dios nos ha dado a todos una conciencia, de modo que sabía que había pecado, aunque no le hubiera llamado así. Me daba cuenta de que había pecado contra el hombre, pero no tenía idea de lo mucho que mi pecado había ofendido a Dios. Hasta ese momento, no tenía temor de Dios. Tampoco sabía que tenía que temerle a él y a su justo juicio.

Fue como la historia de la niña que observa un rebaño de ovejas en el prado y exclama: «¡Mira qué blancas se ven las ovejas!». Y en realidad, en contraste con el fondo de la hierba verde, se ven blancas. Sin embargo, de pronto empieza a nevar, y ahora las ovejas se ven sucias. Después de todo, ya no se ven tan blancas. Esa es mi historia. Comparado con la nieve blanca y pura —comparado con la pura y blanca santidad de Dios— estaba sucio y necesitaba un Salvador.

Ahora veo mi pecado como Dios lo ve. Y ahora sé que vendrá un juicio. Y Dios, en su perfecta santidad, juzgará a todos los pecadores. No obstante, para aquellos de nosotros que creemos en Jesús y nos arrepentimos de verdad (es decir, nos hemos apartado de nuestro pecado), Jesús ya ha pagado por nuestro pecado. Ahora sé que soy salvo, porque aborrezco las cosas que solía amar y amo las cosas que solía aborrecer. Incluso antes de que hubiera oído el vocablo, sabía que había pasado a ser una «nueva creación».

Aunque me gusta mucho contarle a la gente mi testimonio, me parece muy inadecuado, ya que las simples palabras no pueden en realidad explicar lo que experimenté. No existen las palabras apropiadas. Dios me encontró justo cuando lo necesitaba, y nunca me he arrepentido. Él ha sido el centro de mi vida desde entonces y siempre lo será. Estoy muy agradecido de que convenciera a mi esposa de pecado y le diera el valor para perseverar conmigo mientras la usaba para guiarme a él.

Te animo a que compartas el mensaje de Cristo crucificado con otros. Se nos ha encomendado comunicar nuestra fe. Si no lo hacemos, somos como un bombero que se sienta a la puerta de una casa en llamas y no hace nada para rescatar a la gente que se encuentra adentro.

Todos formamos parte de la estadística final: ¡Diez de cada diez de nosotros mueren! Cada día mueren ciento cincuenta mil personas. ¿Cuántas de ellas pasarán de la vida al tormento eterno en el infierno hoy?

No es de extrañar que los inconversos no le teman al infierno. A algunas personas les gustaría hacerte creer que el infierno es simplemente un lugar en el que uno está separado de Dios. ¿Si ellos no quieren a Dios en esta vida, por qué deben temer no tener a Dios en la siguiente? No, la Biblia nos dice que el infierno es un lugar de tormento eterno. Y nosotros debemos hacer todo lo posible por salvar a la gente de ese juicio.

Como conclusión, permíteme contarte un breve testimonio acerca de un ateo que conocí hace poco. Me encontraba en Nueva Zelanda en marzo del año 2008, en una universidad donde los creyentes de la zona habían organizado un debate entre un ateo y yo. Unas ciento cincuenta personas se presentaron, y antes de que el debate empezara, un hombre alto llamado Ryan, sin pelos en la lengua, se me acercó y me dijo: «Es un honor conocerlo. He visto sus vídeos en la Internet y leído su material, y este debate me da mucha ilusión». Conforme se dirigía de vuelta a su asiento, exclamé: «¿De qué lado está usted?». Él contestó: «Yo estoy en contra de todo lo que usted está a favor».

Durante el tiempo de preguntas y respuestas, Ryan hizo unas buenas preguntas, y yo aporté mis mejores respuestas. Al día siguiente, él se apareció en otra reunión en la que yo tenía previsto hablar, y en otra ocasión me escuchó una vez más por espacio de una hora aproximadamente en un culto de la iglesia. Después del culto, hablamos y yo le firmé una copia de *Usted puede guiar a un ateo a la evidencia, pero no puede hacerlo pensar*. Nos tomamos una foto juntos, y Ryan incluso nos ayudó con la mesa de libros. En realidad me importaba mucho Ryan, así que me agrado oírle decir al final de la tarde: «Hombre, ¿por qué es usted tan simpático?». El hecho de que pudiera experimentar mi amor y mi interés por él fue más convincente que cualquier argumento que le hubiera podido presentar en cuanto a la existencia de Dios.

Algunos ateos leen todo lo que escribo como si los odiase, pero incluso mi advertencia sobre un lugar llamado «infierno» nace del amor. Ellos me acusan de ganar dinero con la venta de mis libros y el evangelio, pero he predicado en auditorios al aire libre en más de cinco mil ocasiones y nunca se me ha pagado nada. Lo hago porque amo a la gente y me importa dónde pasará la eternidad. Si no me importara, no me molestaría en predicar o escribir libros cristianos. Tuve éxito con un negocio antes de convertirme y podría haber disfrutado de un buen nivel de vida, pero elegí dedicar mi existencia a implorarles a las personas que consideren dónde van a pasar la eternidad. Esa empresa ha implicado un pequeño sacrificio, pero es una expresión tangible de mi amor por un mundo que perece. Con todo, si la gente rechaza creer eso de mí, no hay nada que pueda hacer al respecto.

La mayoría de las personas de este mundo saben que Jesús dio su vida en la cruz como sacrificio, pero no entienden *por qué*. Eso fue una transacción legal. Nosotros hemos violado la ley de Dios mediante la mentira, el robo, la blasfemia, la lujuria, el adulterio, el odio, la fornicación, el egoísmo y muchas otras cosas. La ley muestra que somos criminales culpables que debemos aparecer ante el Juez del Universo. Vamos camino a la prisión de Dios: un lugar terrible llamado infierno. Aun así, el evangelio nos dice que Jesús pagó nuestro castigo a través de su sacrificio en la cruz. Eso significa que debido al sufrimiento, la muerte y la resurrección de Jesús de Nazaret, Dios puede legalmente desechar nuestro caso. Él puede conmutar nuestra sentencia de muerte y permitirnos vivir por nuestro arrepentimiento y fe en Jesús, porque nuestra «multa» fue pagada hace dos mil años. Así es como lo expresa la Biblia: «Pero Dios demuestra su amor por nosotros en esto: en que cuando todavía éramos pecadores, Cristo [el Mesías, el Ungido] murió por nosotros» (Romanos 5:8).

Esa es la evidencia de su amor.

15

TESTIFICÁNDOLE A LA FAMILIA

Cuando me convertí a Cristo, estaba sumamente preocupado por la salvación de mi familia inmediata. Yo había hallado la vida eterna, pero los miembros de mi familia se encontraban bajo la sombra de la muerte. Si morían en sus pecados, no solo perderían la oportunidad de disfrutar de la vida eterna, sino que también recibirían la condenación en el infierno. Tal idea era casi inconcebible para mí. Nada me consumía tanto como este asunto.

Había estado utilizando los principios expuestos en el folleto de las cuatro leyes espirituales para convencer a mis amigos de que aceptaran a Cristo. Imaginé que solo sería cuestión de seguir haciendo lo mismo con mis seres queridos. Sin embargo, no fue tan fácil como pensaba. En mi ignorancia de la naturaleza del pecado y la salvación, guié a mi madre en la oración del pecador. Naturalmente, ella no tenía conocimiento del pecado o el arrepentimiento, y como consecuencia no hubo fruto. Lo peor fue que, en mi afán sin conocimiento, hice más mal que bien. Mi decepción fue grande al ver que mi madre no mostraba señal alguna de regeneración.

En los años venideros, no demostré ser el típico creyente contemporáneo. Compré un enorme autobús y le encargué a un profesional poner grandes letreros de versículos bíblicos en los costados, versículos acerca de la vida eterna que los pecadores podían hallar en Cristo. También mandé a que colocaran versículos a ambos lados de mi automóvil y en toda la ventana delantera de mi tienda. Imprimí folletos y preparé la edición de un periódico cristiano llamado *Living Waters* [Aguas de vida]. Hasta tuve una imprenta manual en el cuarto trasero de nuestra casa. Y prediqué el evangelio en una tribuna callejera a diario en el centro de nuestra ciudad durante muchos años.

Mi madre era la típica madre judía. Ella amaba a sus hijos. No dudaría un momento en preguntarle a Dios si yo y mi hermano, Felipe, podríamos sentarnos a su mano derecha e izquierda.

Recuerdo una vez en que me encontraba rodeado estrechamente por una muchedumbre de unas sesenta personas conforme alguien contendía conmigo sobre el evangelio. Le rogué a ese individuo que me escuchara y después ofrecí algo de literatura. Según me acuerdo, hubo pocos que la aceptaron, pero sí recuerdo haber visto de repente a mi madre entre la multitud. Ella extendió su mano de madre judía y cogió un folleto, simplemente porque no quería verme humillado. Sin embargo, no tenía por qué hacerlo. Yo ya estaba acostumbrado a que me maltrataran, ignoraran, escupieran, odiaran y humillaran. Sabía que no era a mí al que la muchedumbre odiaba, sino a Cristo en mí.

Mi padre siempre congenió con el evangelio. Él me seguía por los lugares donde predicaba y estaba de acuerdo con todo lo que yo decía. No obstante, tenía un defecto: empezaba proyectos, pero a menudo fracasaba en acabarlos. Era carpintero, y a pesar de eso había cosas en la casa que nunca terminaba. Tenía una personalidad afable, algo de lo que bromeábamos en familia. Desafortunadamente, ese defecto en su carácter afectaba su relación con Dios. Él creía, pero no obedecía. El fruto no existía en su profeso caminar cristiano.

Un día, sufrió un grave ataque al corazón y tuvo que ser trasladado en ambulancia al hospital. Después de hablar con mi hermana en Nueva Zelanda por teléfono durante la noche, colgué el teléfono y oré por él. Me sentí tan agobiado por un sentimiento de empatía hacia mi querido padre que empecé a llorar. Después me sentí absolutamente abrumado por la emoción, y lloré en voz tan alta que Sue bajo las escaleras para ver si me encontraba bien.

Durante dos semanas mi padre estuvo ingresado en un hospital, y en ese espacio de tiempo hizo las paces con Dios antes de morir. Él llegó a terminar algo que realmente importaba, y yo me sentí agradecido con Dios de forma inenarrable por saber que iba a ver a mi padre de nuevo.

ORA CON FE INQUEBRANTABLE

Tengo dos hermanos. Mi hermano reside en Australia. Él bromea con casi todo. Cuando intenté testificarle, lo tomó a broma. Eso fue algo que en realidad me molestó. Con todo, él nunca ha sido una persona anticristiana. En verdad, era totalmente lo opuesto. Me enviaba un correo electrónico cuando conocía a un creyente, y le hablaba de mí y mi ministerio. Incluso tenía por costumbre repartir los folletos del millón de dólares. Yo solía preguntarme: *¿Acaso no se da cuenta de lo que está escrito en el dorso?* Me imagino que le gustaba el hecho de que el folleto hiciera reír a la gente.

Mi hermana, Christine, reside en Nueva Zelanda. Ella tampoco es anticristiana. Es una hermana bondadosa, amable, que siempre estaba dispuesta a cuidar de mamá. En ningún momento me hizo sentir culpable por vivir en otro país y no poder cuidar de mi madre o mi padre. Sin embargo, ella algunas veces blasfemaba como un soldado con esteroides.

Así que ahí lo tienes. Esa es mi querida familia, por cuya salvación he orado desde el primer día que me convertí. Sin embargo, no he orado simplemente que Dios los bendiga. He orado por su salvación eterna, pensando en el asunto con mucho detenimiento para asegurarme de que mis oraciones fueran oídas.

He orado con fe. Abraham no se tambaleó ante la promesa de Dios con incredulidad, sino que se mantuvo firme en la fe y le dio gloria a Dios, estando plenamente convencido de que él era poderoso para hacer lo que había prometido. Yo consideré la promesa de Jesús en Mateo 21:22: «Si ustedes creen, recibirán todo lo que pidan en oración» y confié en que Dios no quería que ninguno pereciera, sino que todos procedieran al arrepentimiento. Digo esto con reverencia, pero creo que Dios tiene una debilidad: su fidelidad. Él es fiel a lo que ha prometido. Por eso, durante años oré: «Señor, descanso en tu fidelidad. Te doy gracias por la salvación de mis seres queridos. No me tambalearé ante tus promesas con incredulidad. Tú no quieres que ninguno perezca, sino que todos procedan al arrepentimiento. Me regocijo en la salvación de mi familia. Nada es imposible para ti. Todas las cosas que pida en oración, creyendo, las recibiré».

Soy perfectamente consciente de que este tipo de oración se opone de forma abierta a la teología de algunos. Sin embargo, eso no me preocupa demasiado. Sé que los predicadores de la prosperidad han utilizado constantemente este tipo de oración de fe positiva para lograr la riqueza personal. Eso tampoco me preocupa mucho. Lo único que me preocupa es la salvación de mis seres queridos, de modo que he estado orando por eso durante años. Y Dios ha honrado mis oraciones con la salvación de mi padre en su lecho de muerte.

A lo largo de los años, he llevado a mi madre a diferentes iglesias y reuniones extraordinarias con la esperanza de que el predicador predicara un claro mensaje del evangelio. Eso nunca ocurrió. Me di por vencido porque no solo no escuchó el evangelio, sino que de forma habitual alguien con mal aliento, falto de dientes y un montón de tatuajes por el cuerpo la abrazaba y le decía: «Jesús te ama». Ese tipo de cosas la impresionaron de mala manera.

Entonces ocurrió algo maravilloso: Ben y Melissa Day se convirtieron en nuestros agentes en Nueva Zelanda. Un día, Melissa se acercó a casa de mamá para pedirle prestada una pancarta que yo le había dado. Ellas se pusieron a hablar y se hicieron muy buenas amigas. Me animaba mucho cada vez que Melissa me decía que habían hablado de las cosas del Señor. No podía pensar en otra persona mejor que Melissa para hablar con mi madre. Ella era una mujer cariñosa y con una doctrina bien fundamentada en las Escrituras. Sabía muy bien que no era prudente sacarle una «decisión» a mi madre. Melissa amaba a mi mamá como si fuera la suya propia y quería que se convirtiera de forma genuina, y ella sabía que solo Dios podía hacerlo.

¡DIOS MÍO!

En octubre del año 2008, mi hermana me llamó a los Estados Unidos para decirme que mamá había tenido que ser trasladada al hospital en una ambulancia. Ella ya tenía más de ochenta años y su salud era cada vez más débil. La llamé al hospital, hablé con ella y me alegró saber que estaba coherente. En realidad, se divertía a lo grande. Me dijo que se encontraba rodeada de médicos guapos, recibía buena alimentación y estaba conociendo a otras personas. Incluso sugirió que la transfirieran a la sala de hombres.

Un día que llamé, intentó contarme cómo Dios había arreglado cierta situación. Mi sobrino se encontró desempleado en Londres durante tres meses. Y un día, entró en una tienda cuyo gerente era de Nueva Zelanda. Cuando mi sobrino le preguntó sobre la posibilidad de obtener un empleo, el gerente le dio un trabajo de inmediato. Mamá dijo: «Yo sabía que las cosas se iban a arreglar. Siempre ocurre así. El Viejezuelo de arriba cuida de nosotros». Me sentí aterrorizado. Mi mamá acababa de llamarle al Dios Todopoderoso «el Viejezuelo de arriba».

Al día siguiente, mi hermana llamó para decirme que a mamá le estaban administrando cinco inyecciones diarias. Su presión sanguínea se encontraba por las nubes. No podía andar o incluso leer. Los médicos se sentían en realidad preocupados de que pudiera sufrir una apoplejía, y habían tenido que trasladarla a una habitación que compartía con una anciana de noventa y seis años. Así estaban las cosas. Mi madre no podía leer. Acababan de meterla en una habitación con una anciana de noventa y seis años años. Melissa había tenido un bebé hacía muy poco y por lo tanto iba a estar demasiado ocupada para hablar con mi madre. Mamá ni siquiera podía ver lo suficiente bien para leer la Biblia. Ella pensaba que Dios era como un Papá Noel celestial. Tenía una hermana que blasfemaba y un hermano bromista. Había pocos creyentes en Nueva Zelanda, y menos que compartieran el evangelio y lo hicieran bíblicamente. Así que oré: «Padre, descanso en tu fidelidad. Contigo, nada es imposible. Te doy gracias por la salvación de mi mamá, mi hermano y mi hermana».

Al día siguiente, llamé a Nueva Zelanda y hablé con mamá. Ella me dijo: «Están pasando cosas buenas». Cuando la pregunté qué tipo de «cosas buenas», me contestó: «Hay una anciana de noventa y seis años en mi habitación, y yo y ella hemos estado hablando de lo que tú ya sabes». Le respondí que no sabía de lo que hablaba. Ella entonces aclaró: «Sobre Jesús y Dios... durante unas tres horas. Es *muy* interesante».

Empecé a llorar. ¡Dios es increíblemente fiel! Temprano ese mismo día, le había escuchado decir a un pastor que él se había convertido hacía treinta y seis años. Después se convirtió su padre. Más tarde, su mamá, su hermano y su hermana aceptaron a Cristo. Me acuerdo que pensé que solo mi padre había aceptado al Señor, y sentí algo de envidia hacia el pastor.

Mi mamá me preguntó si quería hablar con «Nel». Le dije que sí. Nelly estaba coherente y me contó que una vez me quedé en su casa hace muchos años. Le pregunté: «Nel, ¿qué hace usted en el hospital?». Ella contestó: «No podía respirar. Era terrible. Sin embargo, ya estoy bien». Piensa en ello: esta querida señora explicó que no podía respirar, y aun así en el próximo suspiro estaba hablando de la bondad de Dios y testificándole a mi madre inconversa. Más tarde me enteré de que ella no solo oró por mi mamá, sino que también le impuso las manos conforme lo hacía.

Mamá fue entonces trasladada a otro hospital donde literalmente se topó con el aparato para caminar de «Rex», un hombre de ochenta y cuatro años. Desde un principio congeniaron y llegaron a ser buenos amigos. Luego su relación se convirtió en un romance en ciernes. Él hacía cinco años que había perdido a su esposa y se encontraba extremadamente solo, y adoraba la compañía de mi mamá y su sentido del humor.

Llamé a mamá una vez cuando se encontraba en casa de Rex y le pregunté si la estaba tratando con respeto. Ella empezó a llorar y respondió: «¡No te puedes imaginar lo respetuosamente que me trata!». Y luego añadió: «¡Es igual que tú!». Ella me contó que él tocaba himnos con un órgano y siempre oraban juntos.

Por lo tanto, cuando le pidas a Dios que salve a tus seres queridos, confía en él con todo tu corazón. El Señor es fiel. Demuestra tu fe en Dios estando convencido de que él tiene el control total y tú verás el cumplimiento de su promesa.

16

CONVERSIÓN AUTÉNTICA

Como ya mencioné en el último capítulo, algunas veces, cuando le testificamos a la gente —incluso la guiamos en la oración del pecador— las personas no manifiestan con posterioridad conocimiento alguno de sus pecados ni muestran signos de verdadero arrepentimiento, lo cual puede resultar desalentador. Nuestra expectativa es ver cambios inmediatos en base a un corazón regenerado, pero no apreciamos diferencia alguna en el comportamiento.

Desgraciadamente, no hay mucha gente dentro del cuerpo de Cristo contemporáneo que esté familiarizada con lo que yo llamo «conversiones falsas». Es raro que se enseñe desde los púlpitos modernos que tal cosa existe, y aun así la Biblia está repleta de ejemplos de conversiones falsas. Cuando Jesús narró la parábola del sembrador, comparó la receptividad de la gente al evangelio a los diferentes tipos de terreno. Él habló de un oyente junto al camino, un oyente en los pedregales, un oyente entre los espinos y un oyente en buena tierra: el converso auténtico.

Nuestras iglesias están llenas de conversos falsos. Hay gente que dice pertenecer a Jesucristo, pero su vida no tiene nada que ver con esa afirmación. Escucha lo que Charles Spurgeon dijo de esta multitud de cizaña que yace entre el trigo:

¿Quién fue el que añadió a Judas, Ananías y Safira, Simón el hechicero y Demas a la iglesia? ¿Quién fue como ladrón en la noche a sembrar cizaña entre el trigo? Ese espíritu malvado no está muerto, sino que sigue lo suficiente ocupado en este departamento, añadiendo a la iglesia individuos sin conversión. Suya es la multitud mezclada que infesta el campo de Israel, y los primeros que sucumben a la lujuria; suyos son los Acáns que trajeron maldición sobre las tribus; suyos son aquellos de los que Judas dice: «Se han infiltrado entre ustedes ciertos individuos que desde hace mucho tiempo han estado señalados para condenación». Estos adulteran la iglesia, y con su hacer, la debilitan y la profanan, causando en ella mucho dolor y deshonra[1].

Allá por agosto de 1982, por la gracia de Dios, descubrí una verdad bíblica que Dios ha usado bondadosamente para despertar a muchos conversos falsos. No se me ocurre pensar en algo más horroroso que creer que soy cristiano y el día del juicio enterarme de que no lo soy. Llegar a las puertas del cielo y de allí ser lanzado al infierno es un terror que no se puede describir con palabras. Sin embargo, ese será el destino de una multitud de cristianos profesos. Escucha la advertencia que Jesús da sobre ese terrible día:

> Muchos me dirán en aquel día: «Señor, Señor, ¿no profetizamos en tu nombre, y en tu nombre expulsamos demonios e hicimos muchos milagros?» Entonces les diré claramente: «Jamás los conocí. ¡Aléjense de mí, hacedores de maldad!» (Mateo 7:22-23).

Estas personas son las que le llaman «Señor» a Jesús y sin embargo quebrantan los Diez Mandamientos. Dicen que son cristianas, pero mienten, roban, codician, asesinan, blasfeman, cometen adulterio y mucho más. Estoy seguro de que si cuestiono a esas personas, me dirían que no hacen tales cosas. No obstante, de lo que no se dan cuenta es de que la ley de Dios es espiritual, y si odiamos a alguien, para Dios hemos cometido asesinato (véase 1 Juan 3:15). Si codiciamos, hemos cometido adulterio (véase Mateo 5:27-28). Puede que para nosotros nuestras mentiras sean «piadosas», pero para Dios son lo bastante graves como para echarnos al lago de fuego (véase Apocalipsis 21:8). Nuestro hurto puede parecer mezquino, pero puede impedir que entremos en el reino de Dios (véase 1 Corintios 6:9-10). Ninguno de estos pecados es leve a los ojos de un Dios santo.

LA REALIDAD DE LAS CONVERSIONES FALSAS

De todas las cosas de las que debemos estar seguros en esta vida, la más importante es nuestra salvación eterna. Lo que no queremos es estar entre esa muchedumbre de gente engañada que clamará: «Señor, Señor». Por lo tanto, por el bien de nuestra propia salvación y la salvación de aquellos a quienes les testificamos, debemos ser conscientes de la realidad de las conversiones verdaderas y falsas. Los siguientes correos electrónicos pertenecen a personas a las que Dios ha despertado de una de esas conversiones falsas:

> En resumidas cuentas, fui un converso falso durante nueve años y me convertí de forma genuina en octubre del año 2007. El problema es que tenía catorce años, y cuando oré la oración para recibir salvación, no entendí la magnitud de mis pecados. Me aferré a mi fe y creencia en Cristo, pero me faltaba el verdadero arrepentimiento y el deseo íntegro de obedecer y servir a Dios según su Palabra. Sí deseaba en gran medida ver a otros ser salvos, porque creía en el infierno.

En septiembre del 2007, leí *The Way of the Master*. Tardé cerca de un mes o algo así en digerir lo que había leído en el libro de Ray, pero un día, por fin me di cuenta de que lo que estaba leyendo no solo era cierto, bíblico y eficaz, sino también de que yo probablemente no era un verdadero creyente. No me acuerdo del día, ni siquiera de lo que dije. Lo que sé es que ese día, un día de octubre del 2007, me arrepentí en verdad de mis pecados y mis ojos se abrieron a la verdad.

Este año, contrariamente a la prosperidad del mensaje del evangelio que solía escuchar en mis días de converso falso, ha sido un año de pruebas más bien difícil desde que me convertí de forma genuina. No puedo imaginarme haber vivido este año pasado sin una verdadera fe en Cristo. Nuestra prueba más reciente fue cuando mi esposo y yo tuvimos que enterrar a nuestras preciosas hijas gemelas. Ellas nacieron el 20 septiembre del 2008. Sin la verdadera fe que ahora tenemos, imagino que estaríamos furiosos con Dios. ¡Ahora no estamos enojados con Dios, sino que nos regocijamos en él, ya que sabemos que en estos momentos nuestras hijas están regocijándose a su lado y algún día nos regocijaremos con ellas también!

¡El dolor que produce enterrar a tus hijos es algo que las palabras no pueden expresar, pero al menos tenemos nuestra esperanza en Cristo y confiamos en su voluntad! ¡Ahora, mi esposo y yo nos aferramos más fuerte a la cruz y seguiremos haciéndolo hasta que acabemos nuestra carrera! Nuestras niñas ya nos han creado varias oportunidades para hablar del evangelio, por lo tanto, ¡alabado sea Dios si ese era el propósito de ellas para vivir el breve tiempo que

pudimos abrazarlas aquí en la tierra!
Este es otro testimonio:

> Le tengo que contar algo asombroso que acaba de sucederme. Pensé que esto nunca me ocurriría a mí, pero estaba equivocado: *Nací de nuevo*. De repente, recibí un corazón nuevo. Odié el pecado. Amé a Dios y creí en él, no porque conociera *sobre* él, sino porque ahora lo *conocía* de forma personal. Fue entonces cuando establecí mi primera relación verdadera con nuestro Padre celestial y su mediador, Jesucristo.
>
> De repente, todas mis ansias de pecar se desvanecieron, y me alejé de todo lo que me había arrepentido. La lujuria y la mentira eran los pecados que cometía con mayor frecuencia, y lo hacía a diario. Muchas veces era incapaz de detenerme. Sin embargo, con mi nuevo corazón pude alejarme de ellos, y no he cometido ninguno de esos pecados durante días (algo que pensaba sería imposible). Es asombroso. Me he alejado del pecado y tengo un nuevo corazón, listo para servir y glorificar al Señor.
>
> Todas las cosas que con tanta facilidad mermaban mi fe ya ni siquiera hacen mella alguna en ella. Conozco a Dios de una forma personal y creo fácilmente en cada palabra de la Biblia y en la promesa de mi Señor y Salvador, Jesucristo. Ahora estoy *lleno de pasión* por él. ¡Gracias Dios! ¡He nacido de nuevo! Antes era un converso falso.

He aquí el último testimonio:

> Me convertí en febrero del 2007 después de oír «El secreto mejor guardado del infierno» y «Con-

versión verdadera y falsa»[2]. Había sido un converso falso durante veintiún años de mi vida, y cuando oí estos mensajes, fue como si las nubes oscuras que permanecían inmóviles sobre mí por tanto tiempo se hubieran disipado. Por primera vez, la razón por la que Jesús tuvo que derramar su preciosa sangre, sufrir y morir tuvo sentido para mí.

Hasta entonces no me había percatado de la seriedad de mis pecados, en cambio, permanecían encubiertos en mi polvorienta Biblia y lo que consideraba eran secretos ocultos. En realidad, no había comprendido nada de la santidad de Dios y su absolutamente enorme y simple odio al pecado. La ley aún no tenía cabida en mi mente ni en mi corazón. Di por sentada la dádiva que había sido ofrecida a través de la sangre expiatoria de nuestro precioso, poderoso, hermoso y maravilloso Salvador. No me había arrepentido bíblicamente ni derramado lágrimas de remordimiento y vergüenza a causa de mi corazón desdeñoso e insensible.

Sí es cierto que fui a la iglesia toda mi vida (aunque no de manera constante). Sí, oí las historias. Sí, incluso escuché predicar día tras día en mi trabajo durante los últimos tres o cuatro años. Sí, pensé que amaba a Jesús. Y sí, pensé que era salvo todos esos años. Sin embargo, algo no cuadraba, y ese algo me frustraba a más no poder.

Los años de: «No me lo puedo explicar; ¿qué es lo que me pasa?», se desvanecieron cuando me arrepentí y confié. Me fue dado un nuevo corazón, y para mí era algo tan obvio que casi saltaba a la vista. También entendí por qué mis oraciones de tantos años nunca fueron respondidas. No recibí respuesta porque el Señor ni siquiera estaba escuchando las oraciones de un alma empedernida, amancebada y malvada como la mía (véase Proverbios 15:29). Incluso recuerdo haber dicho muchas veces durante años: «No creo que Dios oiga mis oraciones en lo absoluto». Me di cuenta de que había sido la cizaña entre el trigo por mucho tiempo, un verdadero oyente en los pedregales.

En realidad, me asusté y lloré y reí al mismo tiempo cuando comprendí lo bendecido que había sido de que Dios no me hubiera molido ya como la harina. ¡Qué paciencia tuvo el Señor conmigo! Sé que *estaré* en el cielo un día, y sé que el Señor me salvó y fue bueno y clemente al hacerlo. Solo quiero servirle y ser instrumento suyo por el resto de mis días. No deseo ser un «creyente cómodo», sino más bien un siervo incómodo, de primera línea, trillado en las batalla, en las trincheras, leal, lleno de fe, que va de cabeza al edificio en llamas y a punto de derrumbarse, con las rodillas desolladas y la voz ronca por haber sido alzada como una trompeta.

UNA CARACTERÍSTICA COMÚN

¿Aprecias una característica común que predomina en todos estos testimonios? Tras una conversión genuina, hay un profundo amor por Dios, un amor por la justicia, un entendimiento del pecado y la cruz, gratitud y mucho más. Estos son el fruto de la salvación. No se compilan. Crecen de forma natural cuando una persona ha sido regenerada por el Espíritu Santo. Así es como Spurgeon dice que debemos examinarnos a nosotros mismos para ver si somos en verdad salvos:

> Lee los Diez Mandamientos, detente en cada uno de ellos, y confiesa que lo has quebrantado ya sea en pensamiento, palabra o hecho. Recuerda que por

una mirada podemos cometer adulterio; por un pensamiento podemos ser culpables de asesinato; por un deseo podemos robar. El pecado es cualquier falta de conformidad a una santidad perfecta, y esa falta de conformidad es debidamente atribuible a cualquiera de nosotros. Con todo, el Señor, bajo la dispensación del evangelio, no nos castiga según la ley. Él ya no se sienta en el trono del juicio, sino que mira hacia nosotros desde el trono de la gracia [...] En lugar de destrozar al hombre ofensor eliminándolo de la faz de la tierra, el Señor se acerca a nosotros con cariñosa condescendencia y ruega con nosotros a través de su Espíritu, diciendo: «Tú has pecado, pero mi Hijo ha muerto. En él, estoy dispuesto a tratarte con pura misericordia e inconfundible gracia»[3].

Así pues, ¿cómo sabemos si la persona a la que acabamos de guiar a Cristo ha experimentado una conversión genuina? ¿Cómo sabemos si nosotros mismos hemos experimentado una conversión genuina en nuestras propias vidas? He aquí una lista de temas para verificar si nosotros y la persona a la que estamos testificándole estaremos incluidos entre los santos que entrarán al reino de los cielos:

1. *¿Tengo conocimiento del pecado?* No me refiero a si sabes que el pecado *existe* o que has «pecado» y estás destituido de la gloria de Dios en un sentido general. Lo que quiero decir es si ves el pecado como lo que *en realidad* es, como lo ve Dios. Como creyente, ¿te escandaliza la idea de no guardar su palabra (mentir)? ¿Te aflige cuando te sientes tentado a codiciar (cometer adulterio en tu corazón) o desear? ¿Tiemblas al llevarte un sujetapapeles o el bolígrafo de alguien porque sabes que el valor de lo que robas es insignificante? ¿Te das cuenta de que *cada* vez que cedes a la lujuria

cometes adulterio a los ojos de Dios? ¿Te aflige la lujuria tanto como si hubieras cometido adulterio físico? ¿Comprendes que si odias a alguien es lo mismo que haberle apuñalado por la espalda? ¿Crees en verdad que tu propio corazón es engañoso y perverso más que todas las cosas (véase Jeremías 17:9)?

2. *¿Tengo una buena relación con Dios?* ¿O es como un matrimonio que ha perdido su aliciente? ¿Se debe eso a que no has sido honrado y sincero en la relación? No existe matrimonio alguno que pueda florecer si hay falta de fe y buena comunicación. ¿Le confiesas tus pecados a Dios y le pides su perdón en el momento en que pecas en vez de esconderte en lo que puede considerarse un pecado sin importancia (una actitud sin amor, avaricia, enojo sin motivo)? La honradez es lo que nos permite permanecer gozosos en la relación que tenemos el uno con el otro en el matrimonio. No hay nada que te haga alejarte de Dios como el pecado secreto. Sin embargo, lo cierto es que en realidad no existe tal cosa como un pecado «secreto». Dios ve cada transgresión de su ley hasta que se cubre con la sangre de Cristo. Así que intenta saldar las cuentas pronto. Nunca permitas que haya obstáculos entre tú y Dios que apaguen tu intimidad con él.

3. *¿Estoy preocupado por los inconversos?* Si no lo estás, necesitas preocuparte por tu propia salvación. ¿Cómo es posible que cualquiera de nosotros camine por el otro lado del sendero y deje que los pecadores vayan al infierno? ¿Cómo podemos decir que el amor de Dios mora en nosotros si no nos importan? Haz lo que la Biblia te manda a hacer: examínate a ti mismo. ¿Estás seguro de que

eres salvo? ¿Hay fruto? Si el Espíritu Santo mora en ti, tiene que haber un amor, una bondad, una amabilidad que se traduce en una inquietud que te motivará a olvidarte de tus temores y hablarles a los inconversos.

4. *¿Tengo hambre de la Palabra de Dios?* ¿Te regocijas en las promesas de Dios como alguien que ha encontrado un gran tesoro? ¿Lees la Biblia a diario? Debes ser como un recién nacido que vive para alimentarse y se alimenta para vivir. Si no hay apetito, hay algo que no está nada bien. No obstante, permíteme aclarar lo que digo: Habrá momentos en los que abras la Palabra con entusiasmo, y habrá otros en los que harás esto por disciplina. Sin embargo, sin importar cómo lo hagamos, con o sin ganas, debemos alimentarnos espiritualmente.

5. *¿Tengo pasión por vivir la voluntad de Dios?* ¿Has dicho: «Pero no se haga mi voluntad, sino la tuya»? ¿Has hecho lo que las Escrituras te dicen que hagas y presentado tu cuerpo como sacrificio vivo a Dios (véase Romanos 12:1-2)? Esto no es algo que tengas que hacer a regañadientes, sino que debe ser un gozo hacerlo a la luz de la cruz. Si te resulta penoso arrodillarte en sumisión, posiblemente aún no seas salvo y no hayas sido regenerado por el Espíritu Santo. Si en verdad has nacido de nuevo y visto la cruz y tu propio pecado, volverás corriendo a tu padre y le dirás: «Trátame como si fuera uno de tus jornaleros».

6. *¿Me autodisciplino para orar?* ¿Oras sin cesar? ¿Hablas con Dios como lo haces con tu amigo más íntimo? ¿Cuáles son tus motivos de oración? ¿Son motivos saturados de egoísmo o empapados de al-

truismo? ¿Glorifican tus oraciones a Dios? ¿Estás buscando primero su reino o sigues edificando el tuyo propio?

7. *¿Amo a otros creyentes?* ¿Te regocijas cuando otros son elogiados? «Nosotros sabemos que hemos pasado de la muerte a la vida porque amamos a nuestros hermanos. El que no ama permanece en la muerte» (1 Juan 3:14).

8. *¿Hay alabanza para Dios en mis labios?* ¿Es tu adoración espontánea? ¿Ha abierto el Espíritu Santo tu entendimiento a fin de eliminar toda idolatría y ver a Dios como es: santo, perfecto, amoroso, amable, justo y bueno? Cuando contemplas la creación, ¿ves la genialidad de la mano del Creador, y eso llena tu corazón de alabanza?

9. *¿Amo a Jesús?* ¿Es él querido por ti? «Si alguno no ama al Señor, quede bajo maldición» (1 Corintios 16:22).

10. *¿Predico la cruz?* ¿Está siempre delante de ti?

A la luz de estos pensamientos, quizá cada uno de nosotros necesite dedicar un tiempo a estar a solas con Dios. En realidad, lo recomendaría encarecidamente. Si fueras a saltar de un avión a tres mil metros de altura, ¿no comprobarías y volverías a comprobar otra vez las correas? ¿Cuánto más deberías verificar que en verdad conoces al Señor Jesucristo? Estamos hablando de tu salvación eterna, así que acepta la amonestación y asegúrate de su llamado y elección. No hay nada más importante que saber dónde vas a pasar la eternidad.

17

EL FRUTO DEL EVANGELISMO BÍBLICO

Hay una gran diferencia entre el evangelismo moderno y el evangelismo bíblico. El evangelio moderno hace del hombre, no de Dios, el foco de atención de su mensaje. Al hombre es a quien le falta algo en su vida. Dios anhela y hasta necesita de su amor. El evangelio es visto como la solución definitiva a los problemas del ser humano. Si tu matrimonio está mal, ven a Jesús. ¿Falta algo en tu vida? Ven a Cristo. ¿No eres feliz? Prueba con Jesús. Dios tiene un plan maravilloso para tu vida, y nunca serás feliz hasta que no decidas aceptar a Cristo en tu vida.

No obstante, si hacemos un breve estudio de las Escrituras y la vida real, nos daremos cuenta de que el hombre puede vivir bastante contento sin Jesús y disfrutar los placeres del pecado por un tiempo. Como ya hemos visto, es este mensaje centrado en el hombre que lo describe como víctima y a Dios como su Papá Noel celestial lo que ha generado tal cantidad de conversos falsos en nuestras iglesias. En verdad, el hombre es un criminal y Dios es su juez. El hombre no es una víctima desdichada de sus circunstancias. Su corazón es perverso y está en rebeldía contra el Dios que le dio la vida. Jesús no vino a darle felicidad y llenar un vacío en forma de Dios; él vino para darle *justicia* y salvarle de la justa condenación en el infierno.

Lo trágico es que la iglesia no solo está equivocada en su mensaje, sino también es sus métodos. El evangelismo bíblico muestra que el hombre es tan perverso que nada en él desea a Dios. El ser humano odia a Dios sin causa (véase Juan 15:25). Las Escrituras nos dicen que no hay quien busque a Dios (véase Romanos 3:11). Sin embargo, el mensaje moderno afirma que hay algo en el hombre que añora a Dios. Es a Dios al que él realmente pretende en su búsqueda equivocada de la felicidad.

El evangelismo bíblico dice que la forma en que un inicuo pecador puede acercarse a Dios es si Dios le atrajera a sí mismo (véase Juan 6:44). La ley moral ha sido quebrantada, y antes de que siquiera podamos empezar a pensar en un «plan maravilloso», sus requerimientos deben ser cumplidos. Dios está sumamente ofendido, y el pecador debe arrepentirse y descubrir la paz con Dios a través de la sangre de la cruz. Para lograr esto, es necesario que exista tristeza por el pecado, una tristeza piadosa que da como resultado el arrepentimiento (véase 2 Corintios 7:10). También debe haber una comprensión de la terrible naturaleza del pecado. George Whitefield dijo: «Antes de que puedas proclamar paz a tu corazón, se te tiene que hacer ver, sentir, llorar y lamentar tus presentes transgresiones contra la ley de Dios».

El evangelismo moderno simplemente afirma: «Eres un pecador. Todos han pecado. Jesús murió en la cruz por ti a fin de que puedas gozar de paz verdadera. Simplemente entrégate a él». No existe mención de la ley, el día del juicio, el castigo venidero y la necesidad de arrepentimiento. La Biblia enseña que el arrepentimiento viene de Dios. Aunque el hombre sea llamado al arrepentimiento, no puede lograrlo sin la ayuda de Dios. Dios le *concede* arrepentimiento a fin de conocer la verdad (véase 2 Timoteo 2:25).

Las tristes consecuencias del método moderno son muy numerosas, desde las prolongadas llamadas musicales al altar con las que se manipulan las emociones hasta los obreros ocupados con el «seguimiento», ya que se convierten en cabos salvavidas necesarios entre el profeso nuevo converso y Dios.

LA CIZAÑA ENTRE EL TRIGO

No obstante, existe otro sutil y trágico resultado del evangelismo moderno. Sus seguidores dicen cosas como: «He guiado a ciento sesenta y nueve personas al Señor la semana pasada. Le doy gracias a Dios por lo que está haciendo». Entretanto, tú sigues ahí, trabajando con fidelidad, usando lo que crees que son métodos bíblicos, pero aun así no has visto ni a una sola alma venir a Cristo. Mientras que el partidario del método de evangelismo moderno cuenta con una abundancia de fruto por su labor, tú no tienes nada sino sangre, sudor y lágrimas.

Lo más probable, la razón principal por la que no ves «decisiones» por Cristo, es que le temes a Dios, y en base a ese sano temor del Señor no quieres guiar a una sola alma a una profesión de fe falsa. Sabes lo fácil que es conseguir que las personas hagan decisiones y después impresionar a la gente con cifras. Sin embargo, también sabes que así no se hacen las cosas. Sería fácil decirles a aquellos que han oído el evangelio: «¿Están ustedes seguros de que su nombre está escrito en los cielos? ¿Les gustaría tener esa certeza? Les puedo guiar en la oración del pecador ahora mismo para que tengan la certeza de que cuando mueran irán al cielo. ¿Quieren orar?». Que Dios no permita que ni tú ni yo aportemos al número de cizañas mezcladas con el trigo en la iglesia contemporánea.

He predicado el evangelio casi a diario durante muchos años y apenas he visto a un alma venir a Cristo. Con todo, después que me marché de Nueva Zelanda y vine a los Estados Unidos, empecé a oír de gente que se había entregado al Salvador luego de haber oído el evangelio hace mucho tiempo. Por tanto, he aquí la forma de pensar para no desanimarte: considera tu evangelismo como el que siembra con lágrimas (véase Salmo

126:5), y a continuación lee los siguientes versículos una y otra vez hasta que te familiarices con ellos y los entiendas.

- Juan 4:36-38: «Ya el segador recibe su salario y recoge el fruto para vida eterna. Ahora tanto el sembrador como el segador se alegran juntos. Porque como dice el refrán: "Uno es el que siembra y otro el que cosecha." Yo los he enviado a ustedes a cosechar lo que no les costó ningún trabajo. Otros se han fatigado trabajando, y ustedes han cosechado el fruto de ese trabajo».

- 1 Corintios 15:58: «Por lo tanto, mis queridos hermanos, manténganse firmes e inconmovibles, progresando siempre en la obra del Señor, conscientes de que su trabajo en el Señor no es en vano».

Nunca te desanimes. Sigue pidiéndole a Dios que te conceda ver fruto por tus labores, pero no permitas que la falta de fruto constituya una fuente de desánimo y motivación. Deja que tu motivación sea la certeza de que Dios es fiel y vela sobre su Palabra. No hay nada erróneo en la semilla del evangelio; solo Dios puede darle vida en cada persona y a su tiempo perfecto.

UN RECORDATORIO DE LA OPINIÓN DE DIOS

Manuel, un hermano mexicano de habla rusa que se trasladó de Canadá con su esposa rusa para vivir en Francia, dominaba el francés y el inglés a la perfección. Daniel (mi hijo), Mark Spence (mi gerente) y yo estuvimos en París durante cinco días, y el servicio de interpretación que Manuel nos proporcionó en realidad fue de gran ayuda. Filmamos al pie de la Torre Eiffel y por los alrededores de lugares bien conocidos de la ciudad, incluyendo la asombrosa Catedral de Notre Dame y el Arco del Triunfo. Hablé tres veces en una iglesia grande y llena de vida, en la cual hasta tuvieron que habilitar un espacio adicional en el aparcamiento para el exceso de público.

Los que creen en la teoría de la evolución a menudo me han animado a visitar museos a fin de ver pruebas de las formas transicionales, así que al día siguiente un grupo de nosotros visitó el prestigioso museo dedicado a la evolución (Gran Museo de la Evolución) en Paris, un lugar lleno de animales disecados que Dios ha creado. Sin embargo, no encontramos nada relacionado a la evolución. Buscamos aproximadamente durante una hora y al final tuvimos que preguntarles a las autoridades por la sección de la evolución. Lo que vimos fue una imagen disecada de la desacreditada «Lucy» y una copia del libro de Charles Darwin, *El origen de las especies*. Nos impresionó muy poco. Desde allí nos dirigimos al asombroso Museo del Louvre. Muchas veces he dicho que me encanta ir a un museo siempre y cuando vaya subido en una motocicleta. No es que no me guste ver cosas, sino que puedo ver toda la exhibición en dos segundos. No obstante, la del Louvre es imponente. Cuenta con miles de cuadros increíbles y de una antigüedad centenaria. Incluso tuvimos el privilegio de llevar a cabo una entrevista de testimonio frente a la Mona Lisa.

Al regresar al hotel, Manuel entró a nuestra habitación para disfrutar de un tiempo de compañerismo con nosotros. Daniel estaba mirando algo en su computadora portátil y le dije que le mostrara a Manuel nuestro ministerio en el Sur de California. Mediante el milagro de la Internet, Daniel pudo conectarse a nuestras cámaras de seguridad y observar todo el edificio en tiempo real. Pudimos ver a nuestros trabajadores en el ministerio realizar varios trabajos según estaban ocurriendo. En una de las imágenes observamos cómo el camión de FedEx llegaba y el conductor se dirigía a la puerta y tocaba el timbre. Él espero y esperó. Después pudimos ver mediante su lenguaje corporal que estaba empezando a enfadarse. Agarré el teléfono y llamé al ministerio, y cuando uno de los trabajadores respondió a la llamada, le dije: «Soy Ray. Estoy llamando desde Paris, Francia. Estamos viendo a través de las cámaras de seguridad que el conductor de FedEx está a la puerta. El timbre no funciona.

Mejor que te apresures a abrirle». Diez segundos más tarde, vimos que se abría la puerta y el trabajador saludaba a la cámara y le explicaba al hombre de FedEx lo que estaba sucediendo. Esa fue una experiencia asombrosa para todos nosotros.

Dios ve a todos los hombres de FedEx a la puerta. Él sabe cuántos pelos hay en la cabeza de cada persona que ha nacido. Conoce cada pensamiento de cada mente y oye cada latido de cada corazón humano. Él distingue incluso cada arteria de cada cuerpo. No tiene limitación de tiempo o espacio. Lo ve todo, lo sabe todo y puede hacerlo todo... todo menos pecar. A pesar de que esto es alucinante, debemos consolarnos sabiendo que Dios está con nosotros y no contra nosotros. Lo que es más, debe consolarnos que él sea nuestro amparo a la hora de alcanzar a los inconversos. Nosotros somos débiles, pero Dios es fuerte. Nosotros no sabemos lo que el futuro nos depara, pero él sí. Dios ve cuando fallamos y ve cuando somos fieles.

LLANAMENTE HABLANDO

Durante nuestro vuelo desde Paris a Los Ángeles, me senté junto a un hombre mayor, más grande y mejor vestido que yo. De forma habitual me siento intimidado por ese tipo de individuos cuando estoy sentado al lado de ellos en un avión. Pertenecen al tipo de personas que se apoderan del reposabrazos y ni siquiera puedes luchar por conseguirlo. Estoy seguro de que tú también tienes tu punto débil. El mío son los hombres de negocios grandes, ricos y mayores que yo. Dame a un joven ateo que haya cursado estudios universitarios y estoy listo para el combate, pero no con esta clase de gente. Por supuesto, lo normal es que mis temores sean producto de mi imaginación y el Sr. Empresario Ricachón resulte ser de lo más agradable.

Sin embargo, ese no fue el caso del hombre que se encontraba junto a mi asiento en el avión. Él resultó ser mi peor pesadilla. Mi caluroso saludo inicial quedó helado. El frío ambiente no permitía encender ni la más mínima chispa de conversación. Así que, durante las siguientes ocho horas, mantuve una contienda con mis temores y mi falta de amor por él.

Por si fuera poco, también me preocupaba la repulsión que me producía oír el sonido de su fea tos. Eso me revolvía el estómago. Cada tosidura (cientos de ellas) tenía el eco de un profundo e impresionante gorgoteo. Sentí que mi preocupación por su salvación era algo frívola. Pensé en sus hijos y la posibilidad de que fueran creyentes que estuvieran orando fervientemente por su querido padre, y yo, mientras tanto, me sentía acobardado a la hora de hablarle del evangelio.

Decidí ofrecerle un folleto al final del vuelo, y empecé a leer una revista cristiana que abordaba el tema de cómo los defensores de la evolución estaban reemplazando las siglas «a. C.» (antes de Cristo) con «A.E.C.» (Antes de la Era Común). A estas alturas, el Sr. Tos Mortífera se encontraba jugando una intensa partida de solitario en la pantalla. Llevaba jugando un tiempo y pronunciaba la misma palabrota cada vez que la jugada le salía mal. Su sucio, vulgar y descarado lenguaje me repugnaba. Cada palabrota me hacía pensar en su impiedad y su destino eterno.

Al final, ya no lo pude soportar más tiempo. Tenía que intentar testificarle. Oré con fervor: «Señor, si quieres que le testifique a este hombre, te ruego que hagas que deje de jugar solitario». Para mi horror, dejó de jugar como cinco segundos después de que hubiera orado. De inmediato dije de forma animada:

—¿Disfruta mucho jugando, no? ¿Y bien, a qué se dedica usted?
—Soy contratista.
—¿Cuánto tiempo lleva en esa ocupación?
—Desde que Cristo vino al mundo —respondió él.
¿Desde que Cristo vino al mundo? Los ojos se me abrieron como platos y no pude contener mi sonrisa tras su respuesta.

—¿Cómo se llama usted? —le pregunté con osadía.
—Sheen.
—Sheen, quiero hacerle una pregunta. ¿Cree que hay vida después de la muerte?
—Interesante pregunta... no lo sé.
—¿Cree que existe un cielo? ¿O volvemos reencarnados?
—Creo que volveré como algo.
—¿Sabe usted como qué volverá?
—No.
—Si existe un cielo, ¿cree que es lo suficiente bueno para ir allí?
—Sí, lo soy.

Cuando seguidamente le pregunté si me permitía cuestionarlo acerca de su bondad, me lanzó una mirada helada. El hombre me indicó que no deseaba seguir hablando, así que entre dientes dije: «Lo he intentado», y decidí dejarlo con su tos y sus maldiciones. Al menos me quedó un consuelo agradable. Ya no tenía la conciencia atormentada. También tenía la consolación de que el éxito no tiene que ver con conseguir una decisión para Cristo o incluso con el hecho de compartir todo el evangelio. El éxito significa hacer lo mejor posible y obedecer a Dios.

Quién sabe, quizá cuarenta personas ya le habían testificado a Sheen y mis pocas palabras pudieron ser la gota que colmara el vaso. ¡Cuantas veces oímos testimonios de personas que se entregan a Cristo y cuentan cómo por dondequiera que iban parecía que alguien les hablaba algo acerca de Dios!

Sheen volvió a su solitario, aunque parece que de una forma no tan intensa y sin decir palabrotas.

ENSEÑANZA AL AIRE LIBRE

Cada mes durante el verano, un grupo de creyentes tenaces (bíblicamente normales) llegan de todo el mundo por tres días para someterse a un adiestramiento intensivo en nuestra academia[1]. El primer día solo se dedica a la comida, el compañerismo, la diversión y un montón de enseñanza práctica de parte de Kirk, un servidor y nuestro experimentado y capaz equipo[2].

El segundo día consiste en predicar al aire libre en Hollywood. Ese es el momento de la verdad. O nadamos o nos ahogamos. Hemos aprendido acerca de las aguas del evangelismo, y llegó la hora de tirarnos de cabeza en la parte honda. La gente que ha venido a la academia es consciente de esto.

Siempre me asombra que el noventa por ciento de los que asisten a la sesión de adiestramiento en realidad rompen la «barrera del sonido» y predican al aire libre. Ellos tienen el increíble privilegio de irse a casa sabiendo que han predicado el evangelio eterno en los últimos días y lo hicieron en el famoso Hollywood. Un hombre que estaba nervioso decía: «Si lo puedo hacer en Hollywood, lo puedo hacer en el viejo Ohio». Tiene razón. La mayoría regresa a casa y hace de la predicación y el testimonio su estilo de vida.

Una de esas sesiones de evangelismo tuvo lugar el 31 de octubre del 2008, el día de Halloween. No estaba muy entusiasmado con el hecho de ir a Hollywood ese día. Ya nos basta con toda la gente vestida con disfraces raros que posa por dinero para las fotografías sin tener que sumarle Hallowen a Hollywood. Por ese motivo me mostré indeciso en cuanto a llevarme la cámara, a pesar de que normalmente la llevo cada vez que la Academia tiene un evento evangelístico con el fin de capturar los momentos en que se testifica. Sea como fuere, me la llevé, pensando que me arrepentiría si me perdía una buena entrevista por no llevarla.

Llegamos a Hollywood, estuvimos unos veinte minutos en McDonalds reponiéndonos, y después nos dirigimos hacia donde se encontraba el grupo predicando. De repente, mi teléfono móvil sonó. Era Scotty, mi técnico de radio, que deseaba que nos viéramos para mostrarme algo. Cuando nos encontramos, me señaló con un gesto de su cabeza a un hombre con una ligera panza y una Biblia en la mano que escuchaba la predicación.

Scotty me susurró: «Es él. Lo reconocería en cualquier sitio. Es el tipo grande de la banda a la que Kirk le testificó en el Muelle de Santa Mónica». Cinco años antes, Kirk y yo, junto con nuestro equipo de filmación, estábamos entrevistando a la gente en el muelle cuando Kirk se topó con lo que parecía un grupo de miembros habituales de una banda. Descamisados, llenos de tatuajes y con las cabezas rapadas, daban la impresión de ser tipos duros. Una de las cámaras siguió filmando a Kirk hablando con ellos durante unos diez minutos, y luego proseguimos a realizar otras entrevistas individuales.

Esa noche, repasé las secuencias filmadas. Fue asombroso. Cautivador. Esos tipos eran duros como el acero. El inocente aspecto de Kirk contrastaba con el grupo al hacer amistad con ellos, hablarles de la ley y la gracia, e implorarles que hicieran la paz con Dios. Aproximadamente una semana más tarde, después que Duane Barnhardt (nuestro genial productor/editor) editara la secuencia y añadiera sonido a la misma, resultó aun más cautivadora. La secuencia tenía pasión, drama, humor y tensión, todo en un espacio de diez minutos. Se convirtió en la secuencia de testimonio más destacada de nuestro programa de televisión, emitido en setenta países a través de treinta y una cadenas[3]. Cientos de miles la vieron en YouTube[4].

Uno de los aspectos más notables fue cuando Kirk señaló: «Jesús explicó: "Ustedes han oído que se dijo: 'No cometas adulterio.' Pero yo les digo que cualquiera que mira a una mujer y la codicia ya ha cometido adulterio con ella en el corazón"». De pronto, uno de los miembros, descamisado, panzudo y con gafas de sol oscuras, se le acercó y con cara de enojo le gritó: «¡Jesús no dijo eso!». La tensión se podía sentir. La música realzaba el drama. Parecía como si un gángster borracho fuera a darle una paliza al querido Mike Seaver. Y ahora Scotty estaba diciendo que este era el mismo hombre... el panzudo.

—No, no es él. El tipo tenía otro aspecto —le dije.
—Te apuesto lo que quieras a que es él —respondió Scotty.

Yo estaba seguro de que no se trataba del mismo hombre, así que me acerqué al hombre y le pregunté:

—Perdón, señor. ¿Fue usted alguna vez miembro de una banda?

El hombre, algo desconcertado, respondió que no, que él era creyente.
—No es él. El hombre nunca fue miembro de un banda y es creyente —le dije a Scotty mirándolo.

Scotty ni siquiera se inmutó. Él tenía una fotografía de Kirk en la mano, así que enseñándosela al hombre le preguntó:

—¿Alguna vez este sujeto le testificó cuando iba con un grupo de hombres por el Muelle de Santa Mónica?
—Sí. Él nos habló hace cinco años en el Muelle de Santa Mónica —respondió el hombre.

Me quedé pasmado. Agarrando mi cámara, le pregunté:

—¿Lo puedo entrevistar para nuestro programa de televisión?

En cuestión de minutos estaba escuchando su historia personal. El hombre se llamaba Alvie. En realidad, la «banda» estaba integrada por dos de sus sobrinos y sus amigos. Me dijo que en ese tiempo era un borracho y lo lamentaba sinceramente. También contó que por aquel entonces tenía panza y explicó por qué se puso un poco tenso cuando le pregunté si alguna vez había formado parte de una banda. Había pensado que estaba intentado que se uniera a una.

Cinco meses antes, unos creyentes lo recogieron de la calle y lo llevaron a un estudio bíblico en el famoso «Centro de Ensueño». Ahora era salvo de verdad y leía la Biblia a diario. Nos relató que cuando Kirk les testificó, el líder de la banda (un hombre llamado Mario) se hallaba involucrado en drogas, alcohol, robos, y vivía en la calle. Dios también lo había salvado, y en la actualidad estaba felizmente casado y tenía hijos.

Alvie estaba a punto de llorar mientras hablaba con gran sinceridad y testificaba sobre la bondad de Dios por haberlo salvado del pecado. Dios había tomado a un moribundo pecador y le había dado vida en Cristo.

Después de acabar la entrevista, me dirigí hacia Scotty y abrazándolo le dije: «Siento no haberte creído. ¿Cómo sabías que era él?» Scotty dijo que lo reconoció por la comisura de su boca. Alvie la alzaba ligeramente durante la secuencia de la banda, y Scotty lo vio hacerlo durante la predicación al aire libre. Scotty es un tipo técnico, le gusta prestarle atención a ese tipo de detalles.

El sur de California tiene una población de unos once millones de habitantes, dispersos por cien ciudades, pero Dios nos permitió conocer a Alvie, el fruto de una labor realizada cinco años antes. Dios sabe cómo y cuándo animarnos. Por lo tanto, nunca te desanimes si estás sembrando con lágrimas. Una persona siembra y otra siega, pero Dios es el que da el crecimiento.

HAS SIDO LLAMADO

¿Te gustan los misterios? Tengo uno para ti. Fíjate detenidamente en la siguiente porción de las Escrituras.

> Cuando acabó de hablar, le dijo a Simón:
> —Lleva la barca hacia aguas más profundas, y echen allí las redes para pescar.

—Maestro, hemos estado trabajando duro toda la noche y no hemos pescado nada —le contestó Simón—. Pero como tú me lo mandas, echaré las redes. Así lo hicieron, y recogieron una cantidad tan grande de peces que las redes se les rompían. Entonces llamaron por señas a sus compañeros de la otra barca para que los ayudaran. Ellos se acercaron y llenaron tanto las dos barcas que comenzaron a hundirse. Al ver esto, Simón Pedro cayó de rodillas delante de Jesús y le dijo:

—¡Apártate de mí, Señor; soy un pecador! (Lucas 5:4-8).

Pedro estuvo pescando toda la noche sin conseguir nada. ¿Por qué pescaría alguien *toda la noche*? ¿Estaría escaso de dinero? ¿Sería que no podía dormir? Él no tuvo problema ninguno en dormirse más tarde en el huerto de Getsemaní. Había trabajado toda la noche echando la red, sacándola sin encontrar nada y arrojándola de nuevo. En base a eso, es fácil imaginarse que fue cuando escuchó a Jesús que atrapó los peces. Por lo tanto, podemos llegar a la conclusión de que solo cuando escuchemos al Maestro pescaremos hombres. Existen iglesias por todo el mundo que cada semana echan sus redes modernas y no pescan nada[5]. Eso ocurre porque sin referencia a la ley las iglesias pescan en la oscuridad.

El nombre «Pedro» significa «piedra pequeña». Mucho se puede hacer con una piedra insignificante que yace entre billones de otras en esta tierra. Una fría, dura e inanimada piedra salvó en una ocasión a una nación de la derrota. La piedra fue escogida entre otras en un arroyo y colocada en una honda por un pastorcillo, y su curso fue guiado por la mano de Dios Todopoderoso (véase 1 Samuel 17).

Pedro fue escogido de entre billones de piedras pequeñas. Él era un pescador insignificante con un corazón de piedra impenitente hasta que su hermano Andrés lo encontró y le dijo que había hallado al Mesías (véase Juan 1:40). Ahí fue cuando Jesús le indicó: «Tú eres Simón, hijo de Juan. Serás llamado Cefas (es decir, Pedro)» (v. 42). Parece como si esto fuera lo primero que Jesús le dijo a Pedro, y cuarenta días después, lo llamó a seguirlo para pescar hombres.

Sin embargo, en este incidente se nos dice que la razón por la que Andrés llevó a su hermano a Jesús fue porque él mismo había pasado el día con el Maestro después de haber oído a Juan exclamar: «¡Aquí tienen al Cordero de Dios, que quita el pecado del mundo!» (Juan 1:29). Así que en ese momento Herodes todavía no había encarcelado a Juan el Bautista. Cuando leemos las Escrituras, es fácil deducir que la primera vez que Pedro vio a Jesús fue cuando estaba limpiando las redes, y una vez que lo vio y le oyó decir: «Sígueme», lo dejo todo y le siguió. No obstante, no fue así. Pedro tuvo oportunidad de pensar en el tiempo que pasó con Jesús antes de seguirlo. El relato de Mateo 4:18-19 dice así:

> Mientras caminaba junto al mar de Galilea, Jesús vio a dos hermanos: uno era Simón, llamado Pedro, y el otro Andrés. Estaban echando la red al lago, pues eran pescadores. «Vengan, síganme —les dijo Jesús—, y los haré pescadores de hombres».

Este incidente ocurrió *después* que Jesús había sido bautizado por Juan y pasado cuarenta días y cuarenta noches ayunando en el desierto (véase Juan 4:1-2). Por lo tanto, Pedro dispuso de unas seis semanas para pensar acerca de su encuentro con Jesús antes de dejarlo todo y seguirle. Eso es importante. Recuerda que Pedro no tenía lo que tú y yo tenemos. Él no conocía el Nuevo Testamento. No había presenciado ningún milagro ni poseía un conocimiento de la cruz. Quizá Pedro estuvo dispuesto a seguir a Jesús desde el momento en que lo conoció, pero no había sido *llamado* a seguirlo ese día.

El creyente medio se puede identificar con Pedro. Nosotros hemos sido llamados «piedras vivas» y escogidos de entre millones para los propósitos de Dios. Hemos sido salvados para servir, y nuestra oración debe ser que el Dios Todopoderoso guíe todo lo que hacemos a lo largo de esta vida.

Nuestro equipo tardó cinco años en ver el fruto de su esfuerzo con Mario y Alvie. Es posible que tú no veas fruto alguno de tus labores hasta la eternidad. No obstante, si ves tu «éxito» en la simple siembra, te contentarás sembrando, porque sabes que Dios es fiel.

Sigue trabajando. Él se encarga del resto.

LA GUINDA DEL PASTEL

En octubre del año 2008, Ray y yo íbamos a hablar en una conferencia de *Transformed* [Transformado] y durante el viaje le comenté que sería divertido ir a un cine de esa localidad y hacer una presentación del evangelio al final de la película *A prueba de fuego*. La película acababa de estrenarse en los cines y estaba en su segunda semana, así que eso fue lo que hicimos. Con la autorización de la gerencia, nosotros dos (y catorce personas de nuestro equipo) entramos al cine aún oscuro treinta minutos antes de que acabara la película y discretamente nos sentamos en la parte trasera.

Justo antes del final, bajamos al frente del cine y estando allí de pie me presenté. El silencio era absoluto. Fue de lo más divertido. Hablé de los aspectos más interesantes de la película y expliqué que la mujer a la que había besado en la misma no era la actriz que hacía el papel de mi esposa en el filme. Se trataba de mi esposa verdadera que había hecho un viaje especial para la escena del beso como extra (quizá la primera de su clase en Hollywood). Después presenté a Ray, y él se encargó de predicar el evangelio. Para nosotros era tan emocionante poder hablar como para la audiencia ver al héroe de la película en carne y hueso.

Al intentar salir del cine, un hombre alto de unos treinta años nos siguió y nos dijo que quería entregarle su vida a Cristo. Poco a poco empezamos a cuestionar su motivación. ¿Se consideraba él un pecador? ¿Entendía el significado de la cruz? ¿Estaba en realidad renunciando a su amor al pecado y sometiendo su voluntad a Dios? Parecía evidente que así era, de modo que le dijimos que confesara sus pecados y a continuación oramos por él.

Esto fue la guinda del pastel esa noche. No se nos ocurrió otra cosa sino pensar en lo que Jesús dijo acerca del gran gozo que hay en el cielo cuando un pecador se arrepiente. Esa noche pudimos ser participes de algo de ese gozo.

—Kirk Cameron

POSDATA: ALGUNOS CONSEJOS PRÁCTICOS SOBRE CÓMO COMPARTIR TU FE

DE EMEAL («E.Z.») ZWAYNE

Emeal («E.Z.») Zwayne es el vicepresidente ejecutivo de Living Waters Publications. Asegúrate de escuchar su CD «Pasando la antorcha» (calificada como una enseñanza transformadora) disponible a través de www.livingwaters.com (pulsa en el enlace «store» y después en el enlace «audio»).

Ahora que ya has acabado de leer *Vence tu temor, comparte tu fe*, entiendes que cada uno de nosotros ha recibido el mandato de ir por todo el mundo y predicar el evangelio. Sin embargo, ¿cómo lo llevamos a cabo exactamente? Uno de los métodos es el evangelismo puerta a puerta, pero esto puede ser una experiencia en extremo exasperante. Solo pensar en acercarse a la puerta de un extraño para compartir el evangelio es suficiente para que a los más valientes entre nosotros nos entre un fuerte pánico, o al menos una hiperventilación. No obstante, para los que prefieren ese método, representa una maravillosa oportunidad a fin de presentar el evangelio de nuestro Salvador para la salvación de las almas. Si estás dispuesto a ser utilizado por el Señor de esta forma, te ofrezco algunos consejos que te pueden ayudar en ese proceso.

REÚNE AYUDANTES

Cuando vayas de puerta en puerta, una buena forma de llamar la atención de la gente es ofreciéndote a hacer algún trabajo de manera gratuita. Esta es una buena forma de demostrarles a tus vecinos tu interés y cariño por ellos.

Para reunir a suficientes ayudantes, coloca dos hojas de inscripción en algún lugar de tu iglesia y hazle el anuncio a la congregación. Explícales que estás buscando gente interesada en ofrecer sus dotes prácticas para servir a la comunidad con generosidad cuando se les necesite algunos fines de semana. Haz hincapié en que su participación será mínima y rara vez necesaria (hemos visto que si bien la mayoría de las personas aprecia con sinceridad el detalle de que deseen servirles, muy pocos llaman para pedir ayuda). También indica que estás buscando gente interesada en testificar puerta a puerta.

Cuando ya tengas un número razonable de personas inscritas (de cinco a diez, dependiendo del tamaño de tu iglesia), especifica una hora y un lugar donde el equipo de testimonio se reunirá cada semana (o con la frecuencia que decidan salir a testificar).

ELABORA UN PLAN

Seguidamente, necesitarás trazar un plano de las casas ubicadas en tu comunidad. Es bueno que seas sistemático en tu método y guardes notas pertinentes a cada dirección, como por ejemplo los nombres de las personas con las que hablas y las respuestas que recibes. Esta información es muy útil para futuras visitas. Si tu iglesia no tiene folletos o tarjetas de visita, no te olvides de imprimir algunas tarjetas con la información de contacto de la iglesia, la dirección y otros datos necesarios para que la gente pueda responder a tu oferta.

Después de formar tus equipos, trazar los mapas de las casas de tu comunidad y reunir los materiales necesarios (incluyendo el cuestionario; véase más abajo), ya puedes comenzar. Siempre asegúrate de enviar a la gente de dos en dos, ni menos (por su seguridad) y preferiblemente no más (¡no es bueno intimidar a la gente con una pandilla llamando a sus puertas!).

PREPARA UNA INTRODUCCIÓN

Cuando te dirijas a cada puerta, es conveniente tener una idea de cómo empezar la conversación. Te recomiendo que comiences diciendo algo así:

> Hola, ¿cómo está usted? Siento molestarlo en su hogar, pero seré breve. Me llamo _____, y este es mi amigo_____.
> Somos de_____, una iglesia cristiana local. No hemos venido a venderle nada, ni a pedirle que venga a nuestra iglesia. Solo queremos decirle que tenemos un ministerio dedicado a servir a la comunidad.
>
> Así que si alguna vez está haciendo algún trabajo en su casa —como por ejemplo pintar, proyectos de jardinería, construyendo una valla— nuestra iglesia cuenta con un equipo de gente más que dispuesta a venir a ayudarle. No cobramos nada y no aceptamos donativos bajo ningún concepto. Y permítame asegurarle que esto es sin compromiso alguno. Solo queremos serle de bendición. Aquí tiene una tarjeta de contacto. Por favor, no dude en llamarnos. Será un placer servirle en lo que podamos.
>
> También estamos llevando a cabo un cuestionario en estos momentos. Únicamente son estas tres preguntas y solo nos llevará dos o tres minutos. ¿Está de acuerdo en que lo hagamos?

REALIZA EL CUESTIONARIO

Llegado a este punto, la mayoría de las personas estará asombrada y bendecida por tu oferta de servirle con generosidad, así como dispuesta a participar en el cuestionario. El cuestionario debería contener las siguientes preguntas:

1. ¿Cree usted en la existencia de alguna clase de dios o poder superior?

2. Estoy seguro de que ha oído hablar de algo llamado el «día del juicio». Se dice que en este día todas las personas serán juzgadas por Dios y destinadas o bien al cielo o al infierno para toda la eternidad. Si en verdad existiera un futuro día del juicio, ¿piensa usted que sería importante para las personas saber lo que tendrían que hacer a fin de ir al cielo y evitar ir al infierno?

3. Ya que piensa que esto es importante [o si ellos no consideran que es importante, diga: «Si se diera el caso de que usted estuviera equivocado y en realidad sí existiera un día del juicio futuro…»], ¿cree que sabría lo que una persona tiene que hacer para ir al cielo y evitar el infierno? Si así es, ¿qué diría usted que es?

Resulta conveniente que resumas estas preguntas en un cuestionario impreso, aunque de todas formas es importante que en la medida de lo posible los miembros del equipo las memoricen en lugar de leerlas. Ellos únicamente deben darle un vistazo al cuestionario por un momento, solo para recordar la esencia de cada cuestión y después mirar a la persona a los ojos durante la conversación.

Coloca dos columnas en el cuestionario al lado de cada pregunta en las que el miembro del equipo pueda marcar sí o no.

No es necesario escribir la respuesta de la persona con referencia a cómo alguien puede ir al cielo y evitar el infierno. Si alguno pregunta por qué estás llevando a cabo un cuestionario, la repuesta correcta debe ser: «Estamos llevando a cabo este cuestionario para familiarizarnos con la perspectiva espiritual general de nuestra comunidad».

HAZ PREGUNTAS DE SEGUIMIENTO

Una vez que los miembros hayan hecho las preguntas, la mayoría de la gente se sentirá con más libertad de expresar sus opiniones. Es de suma importancia que llegado este momento escuches con atención.

Después que la persona haya terminado de expresar sus opiniones, responde diciendo algo así: «Muchas gracias. Hemos llegado al final del cuestionario, pero me gustaría hacerle un par de preguntas más a nivel personal. ¿Se consideraría usted una persona libre de prejuicios?». Permita que la persona responda. A continuación pregunte: «¿Respeta usted las creencias de otros?».

La gran mayoría de las personas responderá que sí a estas dos preguntas. A partir de ahí, puedes lanzarte a presentar el evangelio diciendo: «Me alegro de saberlo. Antes de marcharnos, permítame decirle lo que nosotros creemos acerca del día del juicio futuro y lo que usted puede hacer para ir al cielo y evitar el infierno, puesto que esto es el asunto más importante del mundo».

Durante la conversación, puedes remitirte al hecho de que la persona dijo que él o ella se consideraba libre de prejuicio y respetaba las creencias de otros a fin de subrayar lo que estás diciendo. Nuestra experiencia es que esto resulta bastante eficaz.

Mi equipo y yo hemos utilizado este método en aproximadamente mil hogares y con incontables personas a lo largo de los años en la calle y otros lugares públicos. Por la gracia de Dios, ha sido un método fructífero y nos ha permitido compartir el evangelio de la salvación con mucha gente inconversa.

Si bien este es un formato bueno y comprobado, recuerda que es importante ser flexible con respecto a las palabras exactas que se utilizan. El objetivo es que el mismo sirva simplemente como una pauta de ayuda, por lo tanto, asegúrate de utilizar las palabras con las que te sientas más cómodo.

¡Qué el Señor te bendiga en tus esfuerzos y abra puertas que el hombre no pueda cerrar!

CURSO ACELERADO DE EVANGELISMO — GUÍA DEL ESTUDIANTE

¡BIENVENIDO!

La siguiente guía de estudio está diseñada para ser utilizada conjuntamente con el Curso Acelerado de Evangelismo *Vence tu temor, comparte tu fe*. Este curso de cuatro sesiones que Kirk y yo concebimos te ayudará a estudiar los principios de este libro, y además contiene una presentación en DVD de algunos encuentros en la calle con las personas a las que les testificamos.

No diría que tenía «temor» la primera vez que me dispuse a predicar al aire libre, diría que estaba aterrorizado. Sin embargo, con la ayuda de Dios, pude levantarme y vencer ese temor. Desde ese día en 1975, he predicado en más de cinco mil ocasiones y todavía tengo que batallar con ese miedo. No obstante, cada vez que me levanto y hablo, venzo al temor porque comunico mi fe. Es importante entender que este curso no va a eliminar tus temores (hasta puede que te ayude a reconocerlos), pero te proporcionará las armas que te darán el valor para luchar eficazmente la buena batalla de la fe.

La esperanza de Kirk y mía es que este sea uno de los acontecimientos más poderosos e interesantes de tu vida. Quizá has intentado compartir tu fe y te has desanimado o desilusionado a raíz de la respuesta de la gente. Al igual que incontables personas a través de los tiempos, descubrirás, como lo hemos hecho nosotros, que si utilizas los principios bíblicos de este libro, revolucionarás tu vida y tu testimonio. Esto no es un nuevo método que nosotros hayamos inventado, sino una verdad eterna arraigada firmemente en las páginas de las Escrituras, ratificada por la iglesia durante siglos y demostrada por nuestra propia práctica durante más de veinte años.

Si sigues estos principios, aprenderás a compartir tu fe con sencillez, eficacia y un fundamento bíblico… de la forma en que Jesús lo hizo. Lo único que necesitas es el deseo de obedecer a Dios y seguir los pasos de Jesús.

Nuestra oración es que obtengas hoy las herramientas y el valor que necesitas para convertirte en alguien que gana almas de forma activa y eficaz en la cosecha de la mies. Bien sea que ya estés dedicado extensamente a la Gran Comisión o solo desees un mayor compromiso, nuestra oración es que el Señor te dé más amor por los pecadores y un sentido de *urgencia* por las almas perdidas hoy.

Que Dios te bendiga,

Ray Comfort

LA PRUEBA DEL AMOR

Haz este examen antes de la enseñanza del primer vídeo. Reflexiona en cada declaración con un corazón sincero.

1. Pensar en hablar de mi fe:
   a. Me aterroriza
   b. Me da vergüenza
   c. Me entusiasma
   d. Me aburre

2. Creo que la persona a la que le hable de mi fe tal vez podría:
   a. Darme las gracias
   b. Agredirme físicamente
   c. Pensar que soy un fanático
   d. No me importa lo que haga

3. Una persona que no ha nacido de nuevo:
   a. Será feliz eternamente
   b. Morirá sin sentirse realizada
   c. Irá al cielo de todas formas
   d. Pasará la eternidad en el infierno

4. El hecho de que alguien pueda sufrir para siempre en el infierno:
   a. No me preocupa
   b. Me interesa
   c. Me horroriza
   d. No es problema mío

5. Podría vencer mis temores en cuanto a hablar de mi fe si cada vez que lo hiciera me dieran:

a. $20
   b. $100
   c. $1.000
   d. La promesa de que Dios va a estar conmigo

6. Según Colosenses 1:28, sabemos que debemos amonestar a:
   a. Todos los judíos
   b. Nuestros familiares
   c. Cada persona
   d. Cada creyente

7. A la luz de ese mandamiento, he sido:
   a. Desobediente
   b. Fiel
   c. Desconocedor de mi responsabilidad
   d. Complaciente

8. Yo:
   a. Soy un creyente comprometido que utilizará todos los medios disponibles para alcanzar a los inconversos con el evangelio
   b. No soy ni frío ni caliente, sino tibio (véase Apocalipsis 3:16)
   c. No estoy seguro de si mi amor por Cristo es lo suficiente firme (véase Juan 14:15)

9. Si viera a un hombre ciego caminar hacia un precipicio de trescientos metros de altura, de inmediato:
   a. Le ofrecería mi CD favorito de música cristiana
   b. Lo invitaría a que viniera a mi casa para un almuerzo amistoso el siguiente fin de semana.
   c. Le sugeriría un lugar más satisfactorio
   d. Le avisaría de la proximidad del precipicio

10. Cuando Pablo habló con la gente en el Areópago

(véase Hechos 17), demostró su interés por ellos porque:
j. Los invitó a un culto de adoración en el aposento alto
k. Les sonrió con la esperanza de que notaran la paz en sus ojos
l. Les dijo algo que hizo que se sintieran bien acerca de sí mismos
m. Les mencionó algo acerca del día del juicio futuro y lo que debían hacer para ser salvos

11. Si conocemos a alguien que no ha nacido de nuevo, debemos hacer todo lo que podamos para:
a. Dedicar meses a ganarnos su confianza y esperar que nos pregunten qué es lo que nos hace diferentes (asumiendo que no se mueran primero… lo cual no es algo que podamos garantizar)
b. Invitarlos a la iglesia y esperar que quieran volver
c. Lucir una cruz en el cuello a fin de que sepan que estamos entregados por completo a Jesús
d. Aprender a acercarnos a ellos con amor y compasión, hablando la verdad y guiándolos al Salvador

12. En base al hecho de que ciento cincuenta mil personas mueren a diario y yo sé cómo curar la muerte, ¿qué quisiera hacer ahora?
a. Orar al respecto
b. Abandonar esta sesión de adiestramiento antes de que comience
c. Empezar a aprender cómo compartir mi fe de una manera eficaz, bíblica —de la forma en que Jesús lo hizo— y alcanzar a los inconversos con el evangelio

SESIÓN 1
«EL BOMBERO»

Un experimentado bombero de Nueva York fue acusado esta semana de un grave incumplimiento del deber. Los fiscales sostuvieron que él abandonó sus responsabilidades y traicionó a la gente de Nueva York al no poner a disposición del público los equipos de rescate. Esto causó la trágica e innecesaria muerte de una familia de cinco personas*.

NOTAS:

Sesión 1 — Preguntas

1. ¿Cómo reaccionaste cuando escuchaste la historia del bombero? ¿Qué hizo el bombero que estaba mal?

2. ¿Crees que hay algo que pueda justificar su falta de interés?

3. ¿Tenía el jefe del cuerpo de bomberos justificación para despedir con deshonor al bombero del departamento? ¿Qué condena le hubieras impuesto tú al bombero?

4. ¿Cuáles son las personas que forman parte de tu vida en cuya salvación estás más interesado?

5. ¿Por qué estás interesado?

6. ¿Qué estás haciendo al respecto?

7. ¿Con quién te resulta más difícil hablar del evangelio: familiares y amigos, o completos desconocidos? ¿Por qué?

8. ¿Cómo describirías tu actitud actual con relación al destino de los inconversos: (a) desinteresado; (b) interesado; (c) alarmado; (d) horrorizado? ¿Por qué?

9. ¿Crees que fue bueno para ti ver a alguien testificar en el programa? ¿Por qué sí o por qué no?

Finaliza escribiéndole una carta a Dios que diga algo así: «Dios, estas son mis expectativas y deseos para este curso. Esto es lo que temo y esto es lo que espero que hagas en mí». A continuación, escribe lo que deseas que Dios haga en tu vida a través de estas lecciones. Coloca la carta en un sobre sellado y escribe tu nombre al frente. Nadie va a leerla. Entrégasela al líder para que la guarde bajo su custodia. Se te devolverá al final del curso a fin de que veas cómo Dios ha contestado tus oraciones. Asegúrate de hacer esto, ya que será una experiencia muy significativa cuando te gradúes.

*Aunque han existido incidentes similares, este en concreto nunca ocurrió. Es meramente imaginario.

SESIÓN 2

EL SECRETO MEJOR GUARDADO DEL INFIERNO

¿Por qué del ochenta al noventa por ciento de los que deciden seguir a Cristo abandonan la fe? ¿Cuál es el principio que Spurgeon, Wesley, Whitefield y otros grandes predicadores utilizaron para alcanzar a los inconversos? ¿Por qué la iglesia no lo utiliza? ¡Prepárate para descubrir lo que Charles Spurgeon llamaba «nuestro auxiliar más capaz», es decir, nuestra arma más poderosa!

NOTAS:

Sesión 2 — Preguntas

1. ¿Qué cosa la Biblia dice que es «perfecta: infunde nuevo aliento»? (véase Salmo 19:7).

2. Según Romanos 3:19-20, Romanos 7:7 y Gálatas 3:24, ¿cuáles son las cuatro funciones de la ley?
   1.
   2.
   3.
   4.

3. ¿Cuál es la definición bíblica del pecado? (véase 1 Juan 3:4).

4. ¿Cuál es el significado de la palabra «conciencia»?

5. ¿Qué eligieron usar los proponentes del evangelismo moderno para atraer a pecadores al evangelio?

6. ¿Qué se le dijo al primer pasajero sobre el paracaídas?
___
___
___
___
___

7. ¿Cuál fue el resultado de su experiencia?
___
___
___
___
___

8. ¿Qué se le dijo al segundo pasajero?
___
___
___
___
___

9. ¿Cuál fue el resultado de su experiencia?
___
___
___
___
___

10. ¿Qué es lo que nosotros debemos decirle a los «pasajeros»?
   _____
   _____
   _____
   _____
   _____

11. ¿Para quién fue la ley concebida? (véase 1 Timoteo 1:9-10).
   _____
   _____
   _____
   _____

PREGUNTA EXTRA: ¿Cuántos de los Diez Mandamientos puedes mencionar de memoria?

1. _____
2. _____
3. _____
4. _____
5. _____
6. _____
7. _____
8. _____
9. _____
10. _____

Sesión 2 — Respuestas a las preguntas

1. La Ley del Señor es perfecta: infunde nuevo aliento. Matthew Henry dice: «Nada se le debe añadir y nada se le debe quitar. Es útil para convertir el alma, para restaurarnos personalmente, a Dios y a nuestro deber; pues nos muestra nuestra pecaminosidad y miseria en nuestros alejamientos de Dios y la necesidad indispensable de volver a él».

2. Cuatro de las funciones de la ley de Dios para la humanidad son: (1) detiene la boca del pecador de justificarse a sí misma; (2) hace que todo el mundo se dé cuenta de que es culpable; (3) causa el conocimiento del pecado; y (4) funciona como un maestro que nos lleva a Cristo.

3. La definición bíblica del pecado es la trasgresión de la ley. Esta es la definición del pecado en general. La traducción literal de la palabra griega «pecado» (*hamartia*) es «fallar el blanco» (la ley perfecta de Dios es el blanco al que debemos apuntar). Romanos 3:20 nos dice: «Mediante la ley cobramos conciencia del pecado». El borde recto de una regla muestra la sinuosidad de una línea.

4. La palabra «conciencia» significa «con conocimiento».

5. Los proponentes del evangelismo moderno han elegido atraer a los pecadores utilizando «beneficios». La mejora de vida es en la actualidad el incentivo para llevar a alguien a Cristo, utilizando un mensaje parecido a este: «Nunca encontrarás la verdadera felicidad hasta que no te rindas a Cristo. Tienes un vacío en forma de Dios que solo él puede llenar. Dios sanará tu matrimonio y resolverá tu problema de adicción. Él solucionará tus problemas financieros y será tu mejor amigo».

6. Al primer pasajero se le dijo que el paracaídas mejoraría su vuelo.

7. Él se puso el paracaídas por la razón equivocada. Se sintió desilusionado y algo resentido con la persona que le dio el paracaídas, y con razón. Se le había prometido que el paracaídas mejoraría el vuelo y lo único que consiguió fue vergüenza y humillación.

8. A él se le dijo que el paracaídas le salvaría la vida.

9. El segundo pasajero no se percató del peso adicional en la espalda o de que no se podía sentar derecho. Él pudo soportar la burla de los otros pasajeros porque no se puso el paracaídas para mejorar el vuelo, sino para librarse del salto inminente. Todo lo demás carecía de importancia ante la idea de tener que saltar sin paracaídas.

10. Debemos decirle a los otros pasajeros que tienen una cita con la muerte que no se van a perder. Salvo que se arrepientan y acepten al Señor Jesucristo, perecerán en sus pecados. Ellos tienen que saber que son enemigos de Dios a causa de sus obras perversas y que Dios los juzgará con justicia.

11. La ley ha sido concebida para los transgresores y rebeldes, los impíos, pecadores e irreligiosos; para los que matan a sus padres o madres, los asesinos, los adúlteros y los pervertidos; para los traficantes de esclavos, mentirosos y perjuros… y para cuanto se oponga a la sana doctrina.

RESPUESTA EXTRA:

1. No tengas otros dioses además de mí.

2. No te hagas ningún ídolo.

3. No pronuncies el nombre del Señor tu Dios a la ligera.

4. Acuérdate del sábado para consagrarlo.

5. Honra a tu padre y a tu madre.

6. No mates.

7. No cometas adulterio.

8. No robes.

9. No des falso testimonio en contra de tu prójimo.

10. No codicies.

SESIÓN 3
CONVERSIONES VERDADERAS Y FALSAS

Este mensaje explica por qué existen tantos problemas con el divorcio, el alcohol, el consumo de drogas, el aborto y la inmoralidad dentro del cristianismo contemporáneo. ¿Están nuestras iglesias llenas de creyentes verdaderos? Esta enseñanza es fundamental, y está estrechamente relacionada con la primera sesión. Es importante que entiendas este material, ya que tiene mucho que ver con cómo utilizas tu tiempo y comunicas los principios de la Palabra de Dios. Si alguna vez te has preguntado por qué gran parte de la iglesia se asemeja al mundo y actúa como él, esta enseñanza es para ti.

NOTAS:

Sesión 3 — Preguntas

1. ¿Qué daño puede causar un creyente que no entiende que existe algo llamado conversión falsa?

2. ¿Qué les dijo Jesús a sus discípulos cuando le preguntaron acerca de la parábola del sembrador?

3. ¿En la Parábola del Sembrador, cuáles son las seis características de un converso falso?
   1.
   2.
   3.
   4.
   5.
   6.

4. ¿Qué es lo que Santiago 2:19 revela sobre las seis características de un converso falso?

5. ¿Cuáles son los cinco frutos de un converso verdadero?
   1._____
   2._____
   3._____
   4._____
   5._____

6. ¿Cuáles son las tres cosas que ocurren aquí en la tierra a fin de desenmascarar a los conversos falsos?

7. ¿Cuándo será el converso falso por fin desenmascarado?

8. Menciona algunas parábolas que Jesús contó y que hablan de las conversiones verdaderas y falsas.

9. ¿Cómo podemos nosotros, como cristianos evangélicos, asegurarnos de no asumir la responsabilidad de traer conversos falsos a la iglesia?
_____
_____
_____
_____
_____

PREGUNTA EXTRA:
¿De qué persona «falsa» nos advierten los siguientes versículos?

Mateo 7:15
Marcos 13:22
2 Corintios 11:13
Gálatas 2:4
2 Pedro 2:1

Sesión 3 — Respuestas a las preguntas

1. El daño causado por un creyente que no entiende que existe algo como una conversión falsa puede ser devastador. Si no logramos entender que los que no se arrepienten desconocen la conversión, seremos propensos a pensar que con solo hacer la oración del pecador o responder a un llamado al altar alguien puede ser salvo.

2. Cuando sus discípulos le preguntaron acerca de la parábola del sembrador, Jesús les dijo: «¿No entienden esta parábola? [...] ¿Cómo podrán, entonces, entender las demás?» (Marcos 4:13). En otras palabras, la parábola del sembrador es fundamental para resolver los misterios de todas las demás parábolas.

3. Seis características de un converso falso en la parábola de sembrador:
   1. Resultados inmediatos (Marcos 4:5)
   2. Falta de humedad (Lucas 8:6)
   3. No tiene raíz (Mateo 13:6)
   4. Recibe la palabra con alegría (Marcos 4:16)
   5. Recibe la palabra con gozo (Mateo 13:20)
   6. «Cree» por algún tiempo (Lucas 8:13)

4. Santiago 2:19 dice: «¿Tú crees que hay un solo Dios? ¡Magnífico! También los demonios lo creen, y tiemblan». Este versículo revela que la mera creencia —cuando no va acompañada del arrepentimiento (Lucas 13:3) y la fe en Cristo (Hechos 20:21)— no es suficiente para la salvación.

5. Cinco frutos de un converso verdadero:
   1. Fruto de arrepentimiento (Mateo 3:8)
   2. Fruto de alabanza (Hebreos 13:15)
   3. Fruto de buenas obras (Colosenses 1:10)
   4. Fruto del Espíritu (Gálatas 5:22-23)

5. Fruto de justicia (Filipenses 1:11)
6. Tribulación, tentación y persecución.

6. El converso falso será desenmascarado como un hipócrita en el día del juicio, cuando el trigo y la cizaña sean separados.

7. El trigo y la cizaña (verdadero y falso), El pescado bueno y el pescado malo (verdadero y falso), Las vírgenes insensatas y las vírgenes prudentes, (verdadero y falso), y Las ovejas y los cabritos (verdadero y falso).

8. Podemos asegurarnos de no asumir la responsabilidad de traer conversos falsos a la iglesia considerando la predicación bíblica de suma importancia. Eso significa que utilizamos la ley para causar el conocimiento del pecado. Significa asimismo que mencionamos el día del juicio, no de manera fortuita, sino inculcando en la mente del oyente que debe aparecer ante un Dios santo y responder por cada pecado que ha cometido contra él. También significa que predicamos la cruz y la necesidad del arrepentimiento. Debemos evitar los métodos modernos que despiertan emociones con el fin de lograr que la gente tome decisiones. Podemos regocijarnos con las decisiones, pero el cielo reserva su regocijo para el arrepentimiento.

RESPUESTA EXTRA:

Mateo 7:15: Falsos profetas
Marcos 13:22: Falsos cristos
2 Corintios 11:13: Falsos apóstoles
Gálatas 2:4: Falsos hermanos
2 Pedro 2:1: Falsos maestros

SESIÓN 4
¿QUÉ HIZO JESÚS?

Este vídeo educativo se emite en directo desde las calles del Sur de California para mostrarte la aplicación práctica de estos principios en la vida real. ¡Nuestra oración es que este vídeo te inspire a salir de tu rutina habitual y a entrar en el campo de la cosecha!

NOTAS:

Sesión 4 — Preguntas

Lee este artículo y responde las preguntas que aparecen a continuación.

Testificación personal: ¿Qué hizo Jesús?

Para compartir nuestra fe con eficacia, debemos demostrarle a la gente que tenemos interés, y lo hacemos mostrándole amabilidad. Practica con las personas que encuentres en el parque, la gasolinera o el supermercado, diciéndoles un simple: «Hola, ¿cómo está?» o «¡Buenos días! Bonito día, ¿verdad?». Si la persona responde con amabilidad, podemos preguntar: «¿Vive usted por aquí?», y a continuación entablar una conversación.

Al hablar con la mujer samaritana, Jesús empezó la conversación en el orden natural (cosas cotidianas). Nuestro consejo es que hagas lo mismo y entables una conversación acerca de los deportes o el tiempo, recurriendo quizá después a algo que escuchaste en las noticias, para luego pasar a hablar de las cosas espirituales. Otra forma sencilla de cambiar el rumbo hacia lo espiritual es ofreciendo un folleto evangelístico y preguntando: «¿Tiene usted uno de estos?». Cuando la persona lo agarre, dile: «Es un folleto evangelístico. ¿Viene usted de un transfondo cristiano?».

A continuación, y siguiendo el perfil de QHJ, puedes llevar a cabo cualquier encuentro de testificación con plena confianza. Sabrás discernir exactamente en qué punto de la conversación estás y hacia dónde la charla se dirige. ¡Ya te puedes olvidar de tus temores! Sigamos los pasos del Maestro dados en Lucas 18:18-21. Jesús abordó en primer lugar el entendimiento que el hombre tenía de lo bueno.

¿Se consideraría usted una persona buena?

La mayoría de los individuos no se sienten ofendidos por esta pregunta, ya que la cuestión tiene que ver con su tema favorito: ellos mismos. La respuesta esperada es: «Sí, soy una persona bastante buena». Esta respuesta revela su orgullo y su farisaísmo. Llegado a este punto, uno puede prepararse a utilizar la ley (los Diez Mandamientos) para humillarlos... igual que hizo Jesús.

¿Cree usted que ha guardado los Diez Mandamientos?

Con el joven rico, Jesús utilizó la ley para causar «conciencia del pecado» (Romanos 3:20). Nosotros podemos hacer lo mismo formulando esta pregunta. La mayoría de la gente pensará que ha guardado los mandamientos, por eso prosigue diciendo: «Consideremos unos cuantos y veamos. ¿Alguna vez a dicho una mentira?». Puede que esto parezca una confrontación, pero si hago la pregunta con amor, no tiene que ser ofensiva. Recuerda que «llevan escrito en el corazón lo que la ley exige, como lo atestigua su conciencia» (Romanos 2:15). Confía en que la conciencia hará su obra y afirmará la verdad de cada mandamiento.

Algunos admitirán que han mentido; otros dirán que solo han dicho «mentiras piadosas». Pregunta: «¿En qué lo convierte eso?». Ellos vacilarán en decirlo, pero persuádelos a admitir: «En un mentiroso». Continúa repasando los mandamientos. Pregunta: «¿Alguna vez ha robado algo, aunque fuera una cosa pequeña?». Pregunta: «¿En qué lo convierte eso?», y presiónalo para que reconozca: «En un ladrón». Di: «Jesús señaló que cualquiera que mira a una mujer para codiciarla, ya adulteró con ella en su corazón. ¿Alguna vez ha mirado usted a alguien con codicia?».

Después pregunta: «¿Alguna vez ha pronunciado el nombre de Dios a la ligera?». Explícalo con detenimiento: «Así que, en lugar de utilizar una palabrota para expresar su disgusto, ha tomado el nombre de aquel que le dio la vida y todo lo que tiene valor para usted, y lo ha manchado con inmundicia. Eso se llama "blasfemia", y Dios promete que él no dará por inocente al que pronuncie su nombre en vano».

Llegado a este punto, el individuo se quedará callado (su boca se cierra con la ley, véase Romanos 3:19) o empezará a mostrarse inquieto. Pregúntale su nombre y di: «Juan, por confesión propia, usted es un ladrón, un mentiroso, un blasfemo y un adúltero de corazón, y solo hemos consultado cuatro de los Diez Mandamientos».

Juicio: ¿Si Dios lo juzgara en base a los Diez Mandamientos en el día del juicio, sería usted declarado inocente o culpable?

Si la persona dice: «Inocente», señala: «Usted acaba de decirme que ha quebrantado la ley de Dios. Piense en ello. ¿Sería inocente o culpable?». Es de suma importancia que consigas que admita que es culpable.

Destino: ¿Irá usted al cielo o al infierno?

Las personas no se ofenderán porque les hagas una pregunta sencilla en lugar de decirles a dónde van. A partir de ahí, la conversación se puede desarrollar de tres formas:

1. *La persona puede decir con toda confianza: «Yo no creo en el infierno».* Responde con detenimiento: «Eso no tiene importancia. Aun así usted tiene que aparecer ante Dios el día del juicio, crea o no en el infierno. Si cruzo la autopista cuando se aproxima un camión enorme y digo:

"Yo no creo en los camiones", mi falta de fe no va a alterar la realidad».

2. *Quizá admita que es culpable, pero diga que irá al cielo.* Puede que la persona piense que Dios es «bueno» y por consiguiente pasará por alto su pecado. Pon de relieve que si un juez tiene ante sí a un asesino culpable, si es un buen juez, no puede dejarlo en libertad. Él debe asegurarse de que el hombre culpable reciba su castigo. Si Dios es bueno, su deber es castigar a los asesinos, violadores, ladrones, mentirosos, adúlteros y todos aquellos que viven en contra de la luz interior que Dios le ha dado a cada hombre. Dile con ternura que ya ha confesado haber mentido, robado, blasfemado y cometido adulterio en su corazón, y que Dios le ha provisto una conciencia para que pueda discernir entre el bien y el mal.

3. *Quizá admita que es culpable y por consiguiente que va al infierno.* Pregúntale si eso le preocupa. Habla acerca de lo mucho que la persona estima sus ojos y por lo tanto cuánto más debe estimar la salvación de su alma.

Comunícale las buenas noticias en este orden: Interés, Cruz, Arrepentimiento, Fe y Verdad. Si el individuo se ha humillado y admite que tiene interés, tienes el privilegio de hablarle de la cruz, así como de alentarlo a arrepentirse y depositar su fe en el Salvador. Si está dispuesto a confesar y renunciar a sus pecados, anímalo a orar y pedirle a Dios que lo perdone. A continuación ora por él. Llévalo a la verdad de la Biblia, instrúyelo a que la lea diariamente y obedezca lo que dice, y anímalo a que asista a una iglesia que crea en la Biblia.

1. ¿Cómo debes empezar a hablar con un inconverso?
   _____
   _____
   _____
   _____
   _____

2. Menciona dos formas en las que puedes encaminar la conversación hacia lo espiritual.
   _____
   _____
   _____
   _____
   _____

3. Indica de qué forma causarías convicción utilizando la ley.
   _____
   _____
   _____
   _____
   _____

4. ¿Cómo debes informarles las buenas nuevas a un pecador?
   _____
   _____
   _____
   _____
   _____

Para conseguir las respuestas a estas preguntas, simplemente repasa el artículo.

NOTAS

Capítulo 1: Lo que Pedro temía
1. John Newton, «Fe—Conocimiento espiritual—Buscando—Verdadero arrepentimiento», Carta al Reverendo Sr. S—, 8 de diciembre de 1775.

Capítulo 2: Palabras desagradables que condenan
1. Ray Comfort, *The Evidence Bible*, Bridge-Logos Publishers, Gainesville, FL, 2003.
2. J.C. Ryle, citado por C.H. Spurgeon, *Spurgeon's Sermon*, Kregel Publications, Grand Rapids, MI, 1990, p. 277.
3. Charles Haddon Spurgeon, *Spurgeon at His Best,* recopilado por Tom Carter, Baker Book House, Grand Rapids, MI, 1991, p. 67.
4. Bill Bright, «Una palabra personal del Dr. Bill Bright», *10 Basic Steps to Christian Maturity* http://www.tenbasicsteps.org/english/personalword.htm (acceso en marzo del 2009).
5. David Colins, *God's Leader For a Nation: Abraham Lincoln,* Mott Media, Fenton, MI, 1976, p. 144.
6. Según El Grupo Barna, «existen aproximadamente ciento un millones de cristianos nacidos de nuevo». http://www.barna.org/FlexPage.aspx?Page=Topic&TopicID=8 (datos del 2006).
7. Otro recurso que uso con frecuencia en el evangelismo con el formato de un billete de un millón de dólares. La parte frontal se asemeja a una unidad monetaria, y al dorso del billete aparece el mensaje del evangelio. Se han vendido más de veinte millones de estos folletos (a la venta en www.livingwaters.com), y son muy populares porque son fáciles de distribuir. Ellos tienen un valor que se puede *percibir*.

Capítulo 5: Para el aplauso del cielo
1. Puede leer la historia completa en *Out of the Comfort Zone*, Bridge-Logos Publishers, Gainesville, FL, 2004.

Capítulo 6: La cuestión del destino eterno
1. Charles Haddon Spurgeon, *Morning and Evening,* Good News Publishers, Wheaton, IL, 2003, 19 de febrero.

Capítulo 8: Ellos necesitan oír la ley moral
1. Manu Raju, «La deuda nacional alcanza el nivel record de once trillones de dólares», Político, 17 de marzo del 2009. http://www.

politico.com/news/stories/0309/20139.html (acceso en abril del 2009).
2. «¿Qué tan común es el cáncer?», Aetna InteliHealth. http://www.intelihealth.com/IH/ihtIH/WSIHW000/8096/24516/362246.html?d=dmtContent (acceso en abril del 2009).
3. «Niveles del crimen en los Estados Unidos de América entre 1960-2007», Centro del Desastre, datos basados en los Informes Criminales Uniformes del FBI. http://www.disastercenter.com/crime/uscrime.htm (acceso en abril del 2009).
4. «Estadísticas del aborto en los Estados Unidos de América: Estadísticas y tendencias», Derecho Nacional a la Vida, datos del 2007. http://www.nrlc.org/ABORTION/facts/abortionstats.html (acceso en abril del 2009).
5. «Ciber-sexo: Consideraciones de tratamiento para el nuevo caso», *Journal of Couple and Relationship Therapy,* vol. 1, no. 3, pp. 37-56.
6. Jonathan Turley, «Sobre la lujuria y la ley», *The Washington Post,* 5 de septiembre de 2004. http://www.washingtonpost.com/wp-dyn/articles/A62581-2004Sep4.html (acceso en abril del 2009).
7. «Nacimientos: Información preliminar del 2007», Informes de Estadísticas Nacionales Vitales, vol. 57, no. 12, 18 de marzo del 2009. http://www.cdc.gov/nchs/data/nvsr/nvsr57/nvsr57_12.pdf+%22National+Center+for+Health+Statistics%22+one-hird+of+births&cd=1&hl=en&ct=clnk&gl=us&client=firefox-a (acceso en abril del 2009).
8. Lawrence K. Altman, «Se descubren infecciones sexuales en un cuarto de chicas adolescentes», *The New York Times,* 12 de marzo del 2008. http://www.nytimes.com/2008/03/12/science/12std.html?_r=1 (acceso en abril del 2009).
9. Dan Ackman, «¿Cuál es la magnitud de la pornografía?», *Forbes,* 25 de mayo del 2001. http://www.forbes.com/2001/05/25/0524porn.html (acceso en abril del 2009).
10. N.C. Aizenman, «Nuevo número máximo de presos en las prisiones estadounidenses», *The Washington Post,* 29 de febrero del 2008. http://www.washingtonpost.com/wp-dyn/content/story/2008/02/28/ST2008022803016.html (acceso en abril del 2009).
11. James Patterson y Peter Kim, *The Day America Told the Truth,* Prentice Hall, Nueva York, 1991.

Capítulo 9: ¡La «multa» ha sido pagada!
1. Matthew Henry, *Matthew Henry's Commentary on the Whole Bible,* Hendrickson Publishers, Peabody, MA, 1991, Romanos 7:7-14a.

2. Congresista Xavier Becerra, «Decreto de ley de identificación de armas del crimen nacional», 7 de febrero del 2008. http://becerra.house.gov/HoR/CA31/Issues/Microstamping+Page.htm (acceso en abril del 2009).
3. Porciones de esta sección han sido adaptadas de *Revival's Golden Key*, Bridge-Logos, Gainesville, FL, 2002. Utilizado con permiso.
4. The Barna Group, estudio del año 2007. http://www.barna.org/FlexPage.aspx?Page=Topic&TopicID=8.
5. No intentes hacer esto por tu cuenta. Las pantallas curvas de las computadoras y los televisores son casi irrompibles. En el set de filmación, hice pedazos un bate de béisbol de madera y después partí uno de acero por la mitad al intentar romper la pantalla. Al final tuvimos que taladrar agujeros en el cristal antes de poder romperlo en la escena.
6. C. H. Spurgeon, «La perpetuidad de la ley de Dios», sermón predicado el 21 de mayo de 1882.

Capítulo 10: Las arenas movedizas de la relatividad moral

1. Porciones de este capítulo han sido adaptadas de *The Charles Darwin Bible*, de Ray Comfort, Holman Bible Outreach International, Nashville, TN, 2009.
2. Bill O'Reilly, «Alcanzando la masa crítica», 11 de julio del 2002, WorldNetDaily. http://www.worldnetdaily.com/index.php?pageId=14523 (acceso en abril del 2009).

Capítulo 11: Es posible que lleve tiempo

1. La Ley se utiliza con tanta frecuencia en las Escrituras como herramienta evangelística que he escrito un libro completo en torno al tema, *What Did Jesus Do?*, Bridge-Logos Publishers, Gainesville, FL, 2005.
2. A menudo utilizo la frase: «Usted quebrantó la ley de Dios, y Jesús ha pagado su multa».
3. C.H. Spurgeon, «Ley y gracia», sermón predicado el 26 de agosto de 1855.
4. «La ética de la juventud estadounidense: Sumario del 2008», Josephson Institute Center for Youth Ethics, estudio de diciembre del 2008. http://charactercounts.org/programs/reportcard/ (acceso en marzo del 2009).
5. The Barna Group, estudio del 1994. http://www.barna.org/FlexPage.aspx?Page=Topic&TopicID=8.
6. «Datos sobre el aborto», The Center for Bio-Ethical Reform, datos del © 1997, The Alan Guttmacher Institute (www.agi-usa.org) y ©

1995, 1998 *Family Planning Perspectives*. http://www.abortionno.org/Resources/fastfacts.html (acceso en mayo del 2009).
7. Para las estadísticas, véase *The Way of the Master*, Bridge-Logos Publishers, Gainesville, FL, 2006.
8. C.H. Spurgeon, «Exhortación apostólica», sermón sobre Hechos 3:19 predicado el 5 de abril de 1868.
9. «Las cuatro leyes espirituales», Wikipedia.com, 12 de noviembre del 2008. http://en.wikipedia.org/wiki/The_Four_Spiritual_Laws (acceso en abril del 2009).
10. «Historia de la cruzada estudiantil», Campus Crusade for Christ, 2008. http://www.campuscrusadeforchrist.com/aboutus/history.htm (acceso en abril del 2009).
11. Bill Bright, *Heaven or Hell: Your Ultimate Choice*, New Life Publications, Peachtree City, GA, 2002, pp. 32, 48.

Capítulo 13: Hablándoles a los intelectuales

1. Parte de este capítulo ha sido adaptado de *The Atheist Bible*, B&H, Nashville, TN, 2009.
2. «¿Vivimos de nuevo?». Entrevista con Thomas Edison según la cita en *The Illustrated London News*, 3 de mayo del 1924. Véase http://atheisme.free.fr/Quotes/Edison.htm (acceso en marzo del 2009).
3. *The Atlantic Monthly,* vol. 128, no. 4, octubre de 1921, p. 520, según se cita en Francis Trevelyan Miller, *Thomas A. Edison, Benefactor of Mankind: The Romantic Life Story of the World's Greatest Inventor*, John C. Winston Co., Philadelphia, 1931, p. 293.
4. Henry Ford, según se cita en Miller, *Thomas A. Edison, Benefactor of Mankind: The Romantic Life Story of the World's Greatest Inventor*, p. 294.
5. Mark Twain, «El vándalo estadounidense», discurso pronunciado en 1868-1869. http://etext.virginia.edu/railton/innocent/vandtext.html (acceso en marzo del 2009).
6. Connie Ann Kirk, *Mark Twain: A Biography*, Greenwood Press, Westport, CT, 2004.
7. Albert Bigelow Paine, *Mark Twain's Notebook*, 1902-1903, Harper & Row, New York, 1935.
8. Gary Sloan, «Robert Frost: ¿Cristiano del Antiguo Testamento o ateo?», 28 de enero del 2003. http://www.liberator.net/articles/SloanGary/RobertFrost.html (acceso en marzo del 2009).
9. Susan B. Anthony, «Sentencia en el caso de *Estados Unidos contra Susan B. Anthony* sobre el cargo de votación ilegal», 17-18 de junio de 1873. http://www.law.umkc.edu/faculty/projects/ftrials/anthony/sentencing.html (acceso en marzo del 2009).

10. Susan B. Anthony, citada en Ida Husted Harper, *The Life and Work of Susan B. Anthony*, Bowen-Merrill, Indianapolis, IN, 1898, p. 853.
11. Susan B. Anthony, «Argumento constitucional: Discurso tras haber sido condenada por votar en las elecciones presidenciales de 1872», Condado de Monroe, Nueva York, 1872-1873. http://gos.sbc.edu/a/anthony.html (acceso en marzo del 2009).
12. Ibid.
13. «Proyecto estudiantil sobre el amor como religión en *A Farewell to Arms*». http://www.bookrags.com/essay-2005/11/25/14119/869 (acceso en marzo del 2009).
14. «Ernest Hemingway Biography». http://www.biographybase.com/biography/Hemingway_Ernest.html (acceso en marzo del 2009).
15. Albert Einstein, según el testimonio del príncipe Hubertus de Lowenstein, según se cita en Ronald W. Clark, *Einstein: The Life and Times*, World Publishing Company, Nueva York, 1971, p. 425. http://www.stephenjaygould.org/ctrl/quotes_einstein.html (acceso en marzo del 2009).
16. Entrevista en *The Jewish Sentinel,* septiembre de 1931, citado en Fred R. Shapiro, *The Yale Book of Quotations*, Yale University Press, New Haven, CT, 2006, p. 229.
17. Alice Calaprice, ed., *The Expanded Quotable Einstein*, Princeton University Press, Princeton, 2000, pp. 202-218.
18. «Lo que la vida significa para Einstein», entrevista con G. Viereck, *Saturday Evening Post,* 26 de octubre de 1929.
19. Einstein a un destinatario anónimo, 7 de agosto de 1941 (archivo de Einstein, película 54-927).
20. Citado en una entrevista en *The Saturday Evening Post*, 1929.
21. Ibid.
22. Abraham Pais, *Subtle Is the Lord: The Science and the Life of Albert Einstein*, Oxford University Press, Nueva York, 1982, p. 319.

Capítulo 16: Conversión auténtica
1. C.H. Spurgeon, *The Metropolitan Tabernacle Pulpit: Sermons by Charles Haddon Spurgeon*, Passmore & Alabaster, London, 1875, pp. 208-209.
2. Puedes escuchar estos mensajes online en www.livingwaters.com.
3. C.H. Spurgeon, «Un sermón» (No. 1889), predicado el 28 de febrero de 1886 en el Tabernáculo Metropolitano, Newington.

Capítulo 17: El fruto del evangelismo bíblico
1. Véase www.ambassadorsalliance.com.
2. Emeal «EZ» Zwayne, Tony «Lawman» Miano, Stuart «Scotty»

Scott y Mark Spence (el decano del Colegio de Evangelismo Bíblico).
3. La secuencia se encuentra en la temporada dos de *The Way of the Master*.
4. También fue emitida en *Nightline* de la cadena ABC el 9 de mayo del 2007.
5. Véase *The Way of the Master* de Ray Comfort y Kirk Cameron, Bridge-Logos Publishers, Gainesville, FL, 2006 para consultar estadísticas que muestran que entre un ochenta y un noventa por ciento de los que toman decisiones en las iglesias locales y las grandes cruzadas abandonan la fe.

Nos agradaría recibir noticias suyas.
Por favor, envíe sus comentarios sobre este libro
a la dirección que aparece a continuación.
Muchas gracias.

Vida@zondervan.com
www.editorialvida.com

www.ingramcontent.com/pod-product-compliance
Lightning Source LLC
LaVergne TN
LVHW031629070426
835507LV00024B/3393